『新装版』

道教と日本文化

福永光司

人文書院

道教と日本文化＊目次

道教と日本文化

日本の古代史と中国の道教
―天皇の思想と信仰を中心として―

これまで日本の古代史、特に古代宗教思想史は、中国古来の宗教思想すなわち道教とは殆ど見るべき影響関係を持たないと考えられてきました。日本において、このような考え方が作りあげられ、一般化されてきた原因は、主要なものとして二つが挙げられます。

その一つは、江戸時代の本居宣長らを代表者とする国粋主義の思想家たち、すなわち国学者とよばれる人々の学説であります。彼らは日本の古代を神代として捉え、そこでは神道＝清く明らけき神の真理＝がさながらに行なわれていたと説き、歴史的な事実とは異なる純粋に理想的な宗教的世界を観念的に設定しました。そして、このような国学は、日本の明治維新を実現する大きな思想的原動力となり、その点では高く評価されなければなりませんが、日本の古代史をあるがままの事実として正しく理解したものとは言えません。

もう一つは六世紀の頃、中国・朝鮮を経て日本に伝来し、皇室や宮廷貴族に多くの信奉者を持ち、その後も日本の宗教思想界で永く主導的な地位を占めてきた仏教の学僧たちの主張であります。彼らは仏教が世界で最もすぐれた宗教であり、仏教をさえ信仰すれば他の宗教は無用である、仏教に較べて他の宗教は低俗であり、迷妄であり、宗教の名に価しないと主張してきました。特に中国の道教に対しては激しい非難と攻撃を加え、中国の道教は単なる鬼道—shamanism《シャーマニズム》—でしかない、日本国にこのような低俗迷妄な鬼道が宗教として存立しうる余地はなく、それは真の意味で宗教の名に価する仏教によって超克されなければならないと主張してきました。

このような国学者たちと仏教の学僧たちの主張によって、中国の道教は既に三世紀、魏晋の時代から六世紀、斉梁の時代にかけて教理学の基礎を確立し、七世紀、唐代以後は仏教の教理学をも大幅に採り入れて、宗教としての神学〔宗教哲学〕を十分に整備していますにもかかわらず、その神学〔宗教哲学〕は日本国においては一般的には軽視もしくは無視され（古くは奈良時代の葛井《ふじい》廣成の『経国集』に載せる「対策文」や吉備真備の『私教類聚』に載せる「仙道不用」論など、また新しくは津田左右吉（『シナ思想と日本』）や和辻哲郎（『日本精神史研究』）の日本文化論などがそれを代表します）、日本古代史の研究者たちも、これまで日本の宗教思想史の研究に関しては、仏教だけに専ら注目して、道教の神学もしくは教理学を学問的に研究し、その教理学〔神学〕と日本古代の宗教思想との密接な関連性を実証的に究明しようとする学者は殆ど存在しませんでした。

しかし私は、これまでの日本の学者のこのような態度見解にもかかわらず、中国古来の宗教思想すなわち道教は日本古代の宗教思想に対して重要な影響関係を持っていると考えます。中国の政治思想を代表する律令制だけでなく、その宗教思想を代表する道教もまた、たとい道観や道士の正式の渡来はなかったにせよ、宗教的な思想と信仰の面においては、日本文化の形成・展開と重要な影響関係を持つと考えるものであります。以下そのことを学問的に実証するために、日本古代の宗教思想の中核をなす天皇の思想もしくは信仰をその典型的な例証として取りあげ、それらが実は中国の道教の神学〔教理学〕の影響を大きく受けていることを明らかにしてみたいと思います。初めにまず七つの事項に関して日本古代史の文献資料的な事実を列挙します。

㈠　日本の古代史で「天皇」の語が初めて見えますのは、六〇七年、推古女帝の丁卯の歳に造られたという法隆寺金堂の薬師像に刻まれた「池辺大宮治天下天皇」の「天皇」であるといわれます。そして、これ以後、「天皇」の語は日本の古代文献に多く用いられるようになり、「天皇」についての思想もしくは信仰も次第に展開し確立されていきますが、この「天皇」の語と密接な関係をもって「真人」の語がまた七世紀の後半頃から日本の古代文献に見えてきます。例えば『日本書紀』によると、天武帝の諡《おくりな》は「天渟中原瀛《あまのぬなはらおきの》真人《まひと》」と記されています。また同じく天武帝の十三年（六八四）に、これまでの豪族を新しい中央集権的な支配組織のなかに組み込むために「八色《やくさ》の姓《かばね》」すなわち⑴真人《まひと》、⑵朝臣《あそみ》、⑶宿弥《すくね》、⑷忌寸《いみき》、⑸道師《みちのし》、⑹臣《おみ》、⑺連《むらじ》、⑻稲置《いなぎ》の八種の家格を示す称号を制定しますが、この「八色の姓」においても「真人」が最高位に置かれています。そして、この「真人」の姓は皇族だけに与えられており、いわば「天皇」とセットにされた概念でありました（ちなみに「八色の姓」の第五位に置かれている「道師」もまた道教で教団の指導者を意味する教理的な概念であります）。

㈡　天皇の位を象徴する二種の神器＝「鏡」と「剣」。ところでまた『日本書紀』や『養老令』の「神祇令」、『古語拾遺』などによりますと、このような日本の天皇の位を象徴するものは鏡と剣との二種の神器であり、皇位を伝えるときには、その璽《しるし》として鏡と剣とが新しい天皇に授与されると記されています。この二種の神器は、後には玉＝八尺瓊勾玉《やさかにのまがたま》＝を加えて三種の神器となり、現在においても日本の皇室において最も大切な宝物とされていますが、古い時代には鏡と剣との二種の神器でありました。この二種の神器が日本の天皇の位を象徴すると『日本書紀』などの古代文献に明確に記されています（『日本書紀』において鏡と剣を天皇の位の象徴とする記述は、継体紀元年二月、宣化紀の即位前紀、持統紀四年正月の条などに見えています）。

㈢　天皇ないし日本の皇室の重んずる紫の色。紫の色は現在の日本の皇室においても尊ばれていますが、古代日本の皇室においても天皇の神聖性と密接な関連を持つ高貴な色として尊重されていました。例えば『日本書紀』の「孝徳帝」の条では、天皇の宮殿の門が紫門と呼ばれています。また推古女帝の即位十一年目（六〇三）、聖徳太子の制定した六色十二階の冠位、孝徳帝のとき（大化三年、六四七）に制定された七色十三階の冠位などでは、最上位の官吏だけが紫色の服を着ると規定されています。中国の儒教の古典『論語』（陽貨篇）では、「紫の朱を奪うを悪《にく》む」とあり、紫色を賤しい色としていますが、日本の天皇ないし皇室においては、古代から紫の色が最も尊い色とされています。

㈣　皇室の祖先は天上世界から降臨し、天皇は現人神《あらひとがみ》である。『古事記』や『日本書紀』の「神代の巻」には周知のごとく天孫降臨の記事があり、皇室の祖先は天上世界（高天原《たかまがはら》）から神勅によって地上の世界に統治者として降《お》りて来られたと説明されています。また『万葉集』では「おおぎみは神にしあれば」などと歌い、天皇を神であると讃える歌が幾つか見えています。さらにまた、この時代には天皇を現人神すなわち「神である人間」とする思想や信仰も既に行なわれていました。一九四五年、今度の大戦が終ったとき、日本の天皇は特に人間であることの宣言をなさっていますが、この宣言が最も端的に示していますように、日本においては少なくとも『古事記』や『日本書紀』の書かれました八世紀の初め頃から天皇を神とする思想や信仰が既に成立していたことが知られます。

(五) 天皇の長寿を祈願する祝詞の文章—東王父と西王母。天皇を最高の統治者とする日本古代の宮廷では、重要な儀式として六月と十二月の大祓《はらい》を行なっていますが、このときには天皇の長寿を祈願する祝詞《のりと》が読まれます。ところが『延喜式』巻八に載せるそのときの祝詞—東文《やまと》の忌寸部《いむきべ》の横刀を献《たてま》つる時の呪—の文章は、「謹みて皇天上帝、三極大君、日月星辰、八方の諸神、司命と司籍、左は東王父、右は西王母、五方の五帝、四時の四気を請い、捧ぐるに銀人を以てし、禍災を除かんことを請う。捧ぐるに金刀を以てし、帝祚を延ばさんことを請う。呪して曰く、東は扶桑に至り、西は虞淵に至り、南は炎光に至り、北は弱水に至るまで、千の城、百の国、精《よ》く治まること万歳、万歳、万歳なれ」となっており、このなかには「皇天上帝」「三極大君」などの『書経』や『易経』に基づく道教的な神々の名と共に「東王父」「西王母」などの道教そのものの神々の名が挙げられています（銀人を捧げるのも道教の宗教儀礼と関係をもちます）。そして、このような祝詞を読むことの目的については、天皇が長く皇位に在ることを祈願するためであると、祝詞の文章それ自体が説明しています。『延喜式』は十世紀の初め、平安時代に成った書物でありますが、これよりも更に古く、八世紀の初めに成った『養老令』の神祇令や同じく『続日本紀』の文武帝（大宝二年、七〇二）の条などにも同じような祝詞〔東西《やまとかわち》の文部《ふみべ》の祝詞〕を読んでいたことが記録されています。

㈥　天皇が宮廷で行なう四方拝の儀式。十二世紀、平安時代の学者である大江匡房《まさふさ》（一〇四一―一一一一）の書いた『江家次第』という書物によりますと、この時代に宮中で行なわれた四方拝の儀式の具体的な内容は、上に述べました「東西の文部の祝詞」と同じく極めて道教的な色彩の濃いものでありました。例えば円融天皇の天禄四年（九七三）に行なわれました一月元旦の四方拝の儀式では、天皇が北向されて北斗七星のうち自己の生まれ年に属する星（本命星）を礼拝されて、次のような呪文を唱えられたことが記されています。「賊寇の中、我が身を過度せよ。毒魔の中、我が身を過度せよ。…厭魅《ようみ》の中、我が身を過度せよ。万病除愈《なおりい》えて欲する所は心に随わんことを。急急律令の如くせよ」。文中の「過度」は道教の呪文の中にもしばしば使われている言葉で、無事に過ごす、もしくは安全に守ってくれるの意味であり、「急急如律令」というのは、至急に掟の如く振舞えの意味で、同じく道教の呪文の中にしばしば用いられる常套語でありますが、これらの言葉を文中に含む道教の星信仰の呪文と宗教儀礼とが、ほとんどそのままの形で日本の平安時代の宮廷行事に持ち込まれています。

㈦　天皇と日本の神道。「神道」という中国語が日本の古代文献で最初に用いられていますのは、八世紀の初め（七二〇）に成った『日本書紀』であります。これより八年先に成った『古事記』ではまだ用いられていません。『日本書紀』のなかでは、例えば孝徳紀に「神ながらとは神道に随うなり」、用明紀に「天皇は仏法を信じ、神道をも尊ぶ」などと見えています。ここでいわゆる「神道」とは、上に掲げた用例で「仏法」と対置されていますことからも明らかなように、仏教伝来以前の日本に古くから行なわれていました呪術宗教的な信仰もしくは思想を総称する言葉であります。そして上に述べた本居宣長らを代表者とする江戸時代の国学者たちは、この「神道」という言葉を極めて重視し、古代日本の最も純粋で理想的な国家と個人の在り方を具体的に示したものとして理念化します。一方また奈良・平安時代から江戸時代にかけて、天皇家の始祖である天照皇大神を国家神として祭る伊勢神宮の宗教的絶対性を神学として弁証する学問が特に神道学とよばれ、さまざまな流派の神道学が形成され展開しています。例えば両部神道学、伊勢神道学、垂加神道学、吉田神道学、平田神道学などの如くであります。そして、これらの神道学は、いずれも日本国が神の国であり、天皇が天神の子孫、現人神であることを強調する点において共通しています。

以上は、日本の古代文献に見える宗教思想関係の記述のうち、中国古来の宗教思想すなわち道教の教理学〔神学〕と密接な関連を持つであろうと予測されます七種の事項を列挙してみたのでありますが、次にこれらの事項が具体的にどのような形で道教の教理学〔神学〕と密接な関連を持つかということを概略的に考察してみたいと思います。

㈠　中国の宗教思想史において、「天皇」の語が宇宙の最高神を意味して初出しますのは、紀元前一世紀、前漢の終り頃であり、日本で「天皇」の語が最高の統治者を意味して『日本書紀』で初めて用いられるようになる時期よりも七百年ほど前であります。中国における「天皇」の概念は、中国古代の天文学で天体観測の基準となる北極星を神格化したものでありますが、宇宙の最高神であるとされるため、多くの場合に「天皇大帝」とよばれています。そして、この天皇もしくは天皇大帝は、二世紀、後漢の時代には天上の神仙世界に在る紫宮に住むとされ、その紫宮にはまた真人とよばれる仙道の体得者が、天皇〔天皇大帝〕に仕える仙界の高級官僚として服務していると考えられるようになります。後漢の時代の著名な文学者であり思想家でもある張衡の『思玄賦』や三国魏の時代の文学者・思想家であり、「竹林の賢人」の一人として日本でも広く知られております阮籍の「大人先生歌」(「大人先生伝」の末尾)などによって、その事実が確認されます。また、この当時に造られました銅鏡の背面に刻まれた「神仙図」などによっても、その事実が傍証されます。

(二)(三)　真人を天上の神仙世界の高級官僚として侍らせながら、紫宮に宇宙の最高神として住む天皇〔天皇大帝〕の聖なる権威を象徴する二種の神器が鏡と剣であるという記述は、中国において、六世紀、六朝の梁の時代の道教の天師である陶弘景の著作のなかに初めて見え、この二種の神器の道教の宗教哲学において持つ重要性を更に詳細に論じていますのは、七〜八世紀、唐代における道教の天師の司馬承禎(『含象剣鑑図』)であります。しかし、二世紀、後漢の時代に多く作られました緯書―讖緯思想の文献―のなかにおいても既に鏡と剣とのそれぞれを帝王の神器とする信仰思想は見えていますから、このような鏡と剣とをセットにして二種の神器とよび(「神器」という言葉も道教の用語です)、それを天皇〔天皇大帝〕の聖なる権威の象徴とする信仰思想は、梁の陶弘景よりも以前、三〜四世紀の魏晋の時代において既に成立していた可能性も十分に考えられます。そして上述したような中国古代の宗教思想ないしは道教の宗教哲学に見られる天皇と紫宮と真人を上層部とする天上の神仙世界の官僚組織、および天皇の聖なる権威を鏡と剣の二種の神器が象徴するという思想や信仰が、いつごろから、またどのようにして日本に伝わってきたかの詳細なことは、まだ十分に明らかにされていませんが、日本古代における「天皇」、「真人」の語の使用、また天皇と皇室が紫色を重んずるという伝統、天皇の位を象徴するものとして鏡と剣とが二種の神器とされている記述などが、中国の道教の宗教思想の影響であることは、まず間違いのない事実と見てよいと思われます。

(四) 次に以上述べてきたこととまた体系的・構造的な連関を持ちますが、日本の古代において、天孫すなわち天神の子孫が天上世界〔高天原〕から地上の世界に降臨するという信仰や思想も、中国では遙かに古く『詩経』大雅「崧高」の詩などにその原型が見え（「維《こ》れ嶽―駿《たか》く天に極《いた》り―神を降す」）、それらを継承して、道教の教理学においてもまた天皇大帝の命令を受けた神仙もしくは真人・真君が天上世界から地上の世界に降臨し、道徳的に頽廃し、もしくは君主の悪政に苦しむ人民たちを救済し、地上の世界に「大和」と「太平」を実現するための教誡を授けるという宗教哲学が重要な地位を占めています。例えば、二世紀の半ば、後漢の順帝の時代に山東瑯邪《ろうや》の道士であった宮崇が、彼の仙道の師である干吉から授けられたという神秘な伝説を持つ『太平経』（『太平清領書』）のなかにも天神降臨の思想が既に見えており、晋の葛洪《かっこう》の著とされる『神仙伝』に載せる宮崇と同時代の張道陵の伝記ないしは『道蔵』（続編）に収める『漢天師世家』の張道陵の伝記、また『魏書』釈老志などにも、道教の神仙である太上老君が天上の神仙世界から地上の世界に降臨する話を載せています（「降臨」という語も既に四世紀頃に成立した道教の経典『霊宝五符序』などに見えています）。すなわち『漢天師世家』の張道陵の伝記では、天帝〔天皇大帝〕から地上の世界の混乱を救い正すことを命ぜられた太上老君が道士の張道陵に「天師」の称号と「正一明威の道」

の教を授けたとあります。この場合、地上の世界に降臨した太上老君は「神仙」と呼ばれたり、「天神」「神人」「真人」「真君」さらには「天皇大帝」(『道徳真経広聖義』巻二)などと呼ばれていますが、このうち「神人」というのは、道家の哲学書である『荘子』のなかに「真人」と同義の語として古くから見えており、人でありながら同時に神でもある存在、すなわち一種の現人神《あらひとがみ》であります。日本古代における天皇を現人神とする信仰思想にも中国の道教における「神人」の宗教哲学が顕著な影響を与えていると見ることができるでありましょう。

(五) 次に日本古代の宮廷において、大祓《おおはらい》の日に天皇の長寿を祈願する「東西の文部の祝詞」が読まれている事実でありますが、この祝詞は文中に「皇天上帝」、「三極大君」、「東王父」、「西王母」などの神名が見えていますことからも明確なように、中国における道教の祝文をそのまま採り入れたものであることは疑いの余地がありません。中国の道教において長寿を祈願する祝文は、その原型を『書経』金縢篇に載せる武王の長寿を祈願する周公旦の祝文などに見出すことができますが、文中の「皇天上帝」は後漢の大儒の鄭玄(『周礼』大宗伯の注)も考証していますように、天皇大帝と同一の神格であります。また「三極大君」は『易経』の「三極」(天・地・人)を神格化したもの、「東王父」、「西王母」は、漢魏の時代に造られた長寿を祈願する銅鏡の銘文などにも多く見えております。この大祓の祝詞の文章は、日本古代の天皇の信仰思想が、その源流を中国の道教の神学〔教理学〕における天皇〔天皇大帝〕に持つことを最も有力に立証するものと見ることができましょう。

(六) また一月元旦に天皇が宮中で行なっている四方拝の儀式は、これこそ中国における道教の宗教儀礼をそのまま日本の宮廷に持ち込んだものであり、北斗七星のうち、生まれ年の星〔本命星〕の名とアザナとを、例えば丑歳《うしどし》に生まれた者が、北斗の第二星の名「巨門」とそのアザナ「貞文子」とを唱えて、自己の身命の護持を祈願していますのなどは、道教の経典である『北斗本命延生真経』や『北斗二十八章経』、『七星移度経』などにその具体的な記述が見えております。なお、平安時代の宮廷における四方拝の儀式では、「北斗の呪」を唱えおえた後、天皇は「天地を拝する座」において、北向されて天を拝し、ついで西北向されて地を再拝するとありますが、北向して天を拝するというのは、大江匡房も解説していますように「皇天上帝が北に在る」からであり、その皇天上帝は前述の大祓の祝詞に見える皇天上帝と全く同一の神格であります。

(七)　最後に、日本における神道もしくは神道学と中国における道教の教理学〔神学〕との関係でありますが、『日本書紀』で初めて用いられている「神道」の語が、この書物においては現人神としての天皇と関連づけられて用いられていること、また外来の「仏法」に対立する語として用いられていますことからも明らかなように、中国の道教で古くから用いられています「神道」の語を強く意識して採り入れたものであることは、断定して大過ないでありましょう。

中国の思想史で「神道」の語が初めて見えますのは、『易経』の観卦の彖伝《たんでん》（「天の神道に観て四時忒《たが》わず、聖人は神道を以て教を設けて天下服《したが》う」）でありますが、この語が神仙の道ないしは宗教的な世界の真理一般を意味して、中国道教思想史の上で重要な地位を占めるようになりますのは、二世紀、後漢の時代からであります。すなわち上にも引きました『太平経』（『太平清領書』）のなかに多く用いられている「神道」の概念がそれであり、ここで「神道」の概念は、「神明の道」

もしくは「清く明らけき天神の真理の教」（「清明之神道」）などと説明されており、仏教がインドから伝来する以前の中国固有の土俗的・宗教的な信仰や思想、さらには教理や儀礼を総称する概念として用いられております。そして『太平経』のこのような「神道」の思想を継承する二〜三世紀の張角や張魯、五世紀の寇謙之や陸修静、六世紀の陶弘景らの道教思想になりますと、この「神道の教」は「仏道の教」に対する中国古来の「惟神―神ながら―の道」（「惟神の道」という成語は『晋書』隠逸伝序に「惟神之常道」とあります）として『詩経』、『書経』の上帝信仰以来の宗教的な伝統性が強調されるようになります（実際には仏教の教理儀礼の影響を強く受け、それを大幅に採り入れているのですが、主観的には道教の中国における伝統的な固有性が強調されています）。

『日本書紀』で初めて用いられるようになりました「神道」の語は、このような中国の道教で古くから用いられている「神道」の概念をそのまま採り入れて、日本に仏教が伝来する以前の土着的・伝統的な呪術宗教的信仰や思想を包括し総称する言葉として転用しているわけであります。したがって、それ以後の日本の宗教思想史において天皇や伊勢神宮が思想的に問題とされ、日本神道の教理学が宗教哲学〔神学〕として次第に理論化されていくようになりますと、その宗教哲学〔神学〕のなかには必然的に中国の道教の教理学が全面的に導入されてくることになります。日本における伊勢神道や垂加神道、吉田神道や平田神道などの具体的な教理学の内容が、この経緯と始末とを明確に示していると考えられますが、その十分に学問的な実証は、なお今後の重要な研究課題として残されております。

日本古代の神道と中国の宗教思想

平田篤胤の神道観

はじめに、まず「神道」という言葉について少し考えてみたいと思います。

江戸時代における日本の神道のもっともすぐれた研究者の一人である平田篤胤《あつたね》も指摘していますように、日本の古代文献で神道という言葉がはじめて用いられますのは、西暦七二〇年、元正天皇の養老四年に成った『日本書紀』です。『日本書紀』よりも八年前、つまり七一二年、元明天皇の和銅五年にできたといわれます『古事記』の中では、神道という言葉はまだ用いられておりません。

篤胤によりますと、『日本書紀』のなかで神道という言葉が注目されますのは、孝徳天皇の三年四月の条と用明天皇の巻のはじめの記述であるといいます。篤胤はとくにこの二つを重視しまして、つぎのようにいっております。

「(神道ということの) 慥《たし》かなる証文は、日本書紀の孝徳天皇の三年四月に臣連《おみむらじ》及び天の下の御民《おおみたから》の素姓を御正しなさるる時の詔《みことのり》に〝惟神我子治《かむながらあがみこしら》すべしと故寄《ことよ》さしたまいき。是《ここ》を以《もち》て天《あめ》地《つち》の初め與《よ》り君《おおきみ》と臨《ましま》す国なり〟と宣《のたま》えるこの〝惟神〟とある詔命《みこと》の分註に、〝惟神とは神の道〔神道〕に随い、亦た自《おのず》から神の道有るを謂うなり〟とある。これは天皇の御自ら御下し遊ばされたる御注か、又は撰者舎人親王《とねりのみこ》のなされたる御注か、天皇のあそばしたる御言《みこと》なれば、いよ以て有難く、舎人親王の成されたるにもあれ、実《まこと》によく吾が古道の意《こころ》を明したる語《ことば》で、右申したる旨によう叶いて、これが吾が徒《ともがら》のいわゆる神の道〔神道〕と言うの出所、よりどころじゃ。」

「神道といえばとて、外《ほか》に何も人に異ったる行いの有るではない。即ちこの御文面に〝神の道に随い〟とも〝自から神の道有り〟ともある如く、天皇の御祖神《みおやがみ》の御依《およさ》しの通りに、御おきて遊ばす御法令《みのり》を畏《かしこ》まり奉り、扨《さ》て吾々も神の産霊《むすび》の御霊《みたま》に依って生れ出たる物ゆえに、おのおのそれぞれに、おのずから神の道〔神道〕が有って、それは神と君と親を敬い、妻子を恵むなどを始め、儒者のいわゆる五倫五常の道は、生れながらに具《そなわ》ってある故、それなりに曲げずゆがめず随い行くを、神の道に随うとは言うことじゃ。（中略）ありと有る人の限り、儒者も坊主も、この神道に洩るると言うはならぬことじゃ。もし此の道をかれこれ言おうとならば、此の国には居らぬがよろしい。真の神道というは、このことで、まず是れが一つ」。

というふうにして孝徳天皇の三年の条にある「神道」をあげて、「これが吾が徒のいわゆる神の道と言うの出所、よりどころじゃ」というふうに強調し、重視しております。

そして、そのつぎに同じく神道の言葉のよりどころとして、用明天皇の条に見える神道の語についてつぎのようにいっております。

「用明天皇の御巻の始めに〝天皇、仏法を信じ神道を尊びたまう〟と見えたる神道は、右申したる神道〔孝徳天皇の条にある神道〕とは訳《わけ》が違って、神を祭り、神を禱《いの》り、また祓《はらえ》などの類、すべて神に仕え奉るのわざを宏《ひろ》く申したもので、いわゆる神事のことじゃ」。

ここで篤胤は神道という同じ言葉ですけれども、その神道を神道と神事に分けて説明し、さらに続けて、

「もっとも、その神事も言いもてゆけば神道のわざながら、事《わざ》と道とは身木《みき》と枝葉《えだは》の如くで、右申したる〝惟神《かむながら》〟なる道とは、大きに本末の差別あることで、仏法と相い対《なら》べて神道と有ればとて、後世神道者などの言うごとく、教の道と心得るは非《ひがごと》じゃ。ただ、ここにいわゆる神道をば、用明天皇は仏法を御信じあそばしたなれども神事のことをも粗略《おろそか》には遊ばさなんだという意に軽く見るが宜し。ただし、今の世に神道者などいう輩《ともがら》は、真の神道というものは、何様《なによう》なるものじゃというわけを知らず、唯に祓《はらい》、祈禱などのわざを神道と覚えて居るから、爰《ここ》にいわゆる神道の字は、かれらが拠り所にすれば、なりはするじゃ」。

篤胤は、この第二の用例、すなわち用明天皇の巻に見えている「神道」の語を神事の意味に解釈し、神事の「事」を神道の「道」と対応させて、第一の用例の「惟神《かむながら》なる道」と区別し、本末の差別があって真の「教の道」ではないというのです。ちなみに「わざ」と「道」、もしくは「事」と「道」を区別する考え方は、これは道家の哲学で強調されることです。具体的には『荘子』ないしは『淮南子《えなんじ》』、とくに『淮南子』(要略篇)では「道」と「事」とをはっきり区別して全体の論述の二本の柱とするわけですが、このことはまたあとで問題にしたいと思います。

ところで、神道という言葉は、篤胤も第三にあげていますように、中国の『易経』の観《かん》の卦《か》の彖《たん》伝《でん》に見える言葉であります。観はいうまでもなく『易』の六十四卦の一つですが、そこに書かれている文章を全文ではないけれど篤胤もあげています。『易』の卦の文句に、「盥《てあらい》て薦めず、孚《まこと》有りて顒若《うやうや》し」というのがあって、神さまを祭る場合に、まず手を洗って浄める。そして「薦めず」というのは、お供物などをすすめる前の、これからお祭りを行なうという緊張した精神状態、それは人間の精神のなかでいちばん純粋な誠実さのこもった状態であって、敬虔さの極致である、ということが『易』の経文にあって、それにたいする彖伝の伝というのは経文にたいする解釈です。ですから、『易』の文章の場合には経文のほうが古くて、伝はだいたい前三世紀ぐらい。まだ『呂氏《ろし》春秋《しゅんじゅう》』には『易』の伝が引かれておりませんから、前三世紀ごろにこの彖伝は書かれたと見ていいだろうと思います。

ご承知のように中国の古典、とくに儒教の文献には四つのランクがあって、まず経があって、経を説明したのが伝、伝を説明したのが注、それをさらに説明したのが疏ということになります。キリスト教のバイブルの翻訳の場合もまずバイブルを経と訳して、それからあと「マタイ伝」とか「ルカ伝」とかいうふうに伝という言い方をしている。これは中国の文献の分類の仕方を適用したものです。

その彖伝の文章ですが、まず「孚《まこと》有りて顒若《うやうや》し」とあります。「顒若し」とは恭《うやうや》しく、敬虔なありさま、あるいは敬虔な態度のことですが、そういう神を祭るときの為政者の敬虔さというものは、しもじもの者に感化をあたえる。それから彖伝にはまた「天の神道を観《み》て、四時《しいじ》忒《たが》わず。聖人は神道を以て教えを設け、而《しこう》して天下服す」とありますが、「天の神道を観て」というのは、自然界の霊妙な法則性を観察すると、春夏秋冬、季節の循環は少しの狂いもなく行なわれている。聖人たる者、最高の支配者は、その霊妙な法則に基づいて政治教化を行なっていく。そうすると天下の人々は全部その政治に従ってくる、という意味で、これが観の卦の彖伝の全文です。

ただ、篤胤はこの文章の「神道」という言葉もしくは事柄が、神を祭ることと関連づけられているという点は注目しないわけです。そしてこの『易』の文章に見える神道の語についてつぎのように解釈します。

「〃天の神道〃というたは、四時不忒とある如く、春夏秋冬の季候を忒《たが》えず、風吹き雨降り、万物の成り出づる所を以て天然の神道《あやしきみち》（神道と書いて「あやしきみち」と訓ませていますが、霊妙な秩序の意味だと思います）と云うのこころに云い、同じ易の文に陰陽測られざる、これを神と言う、とある神の字の義《こころ》じゃ。御国の謂わゆる神《かみ》のごとくしゃんと実物の神を指して、其の神のなさる道と云うの義ではない。それ故、〃天〃の字と〃神道〃との間へ〃これ〃と訓む〃之〃字を置いて〃天之神道〃と書き、天然の神道《あやしきみち》という意《こころ》に申したものじゃ。（中略）古《いにしえ》の聖人といわるるかしこき徒《ともがら》が、ここらのあやしく行わるる道〔四時の季候が違わず、春は暖かで草木の芽が云々という説明がさらにありますが、その前の自然の世界の秩序、法則性の意〕を観じ、それより思い起して世人に耕作の道を教えたで、世の人がその智に服したという義でござる。（中略）この文に〃教を設く〃とあるのは、人たるの道を教えたという事ではない。ただ耕作の仕様を教えたということじゃ。それは上なる〃四時不忒〃という文を受けて、かく言いたるを以て解《さと》るがよい。世々の儒者どもの解しようが皆悪い。此のわけ故に、ともに神道と言えばとて、右に申したる二つの神道とはとんと趣意が違うことで、一体、もろこしの文字が渡ってこのかた御国《みくに》の古言へそれを当てたるのに、全くよく叶うておるのと合わぬとがある。これもまたよく心得ておかねばならぬことじゃ」。

というふうにして、篤胤は、同じ言葉、文字が使われていても、日本の神道と中国の神道とは、その意味内容が「とんと趣意が違う」というのです。その理由を篤胤はさらに説明しまして、

「その故いかにと云うに、御国でカミと云うは、これまで段々申す通り、しっかりと実物を指して申すことじゃ。然るにもろこしの神の字は、右申す如く、大概は実物を指して云うではなく、かの『易』の文に〝陰陽測《はか》られざる、これを神と云う〟とある義に云うて、天然のあやしき道と云うの意で、天之神道などと言える類《たぐ》いが多い。尤も右の余《ほか》に山川の神《しん》だの、また何の神《しん》くれの神《しん》と、実物をさし云うて、御国のカミとさらに違わぬ事もあれど、大かたは謂わゆる虚字で、用の言に多く云うて、御国の如く実物の体言に云う事は少いじゃ。今は何事も字《もじ》にあずけ、其の字の義に依って古えをも見んとする世の中ながら、それは非心得《ひがこころえ》じゃ」。

というふうに言っております。

そして篤胤は、〝非心得〟の儒者の代表として太宰春台を槍玉にあげ、つぎのように批判します。

「既に太宰弥右衛門が弁道書にも、〝今の人、神道を我が国の道と思い、儒仏とならべて是を一つの道と心得候こと、大なる謬りにて候。神道はもと聖人の道の中にこれあり候。周易に〈天の神道を観て、四時忒わず。聖人は神道を以て教えを設け、而して天下服す〉とこれあり、神道

ということ、始めて此の文に見え候〃と記してあるが、凡《すべ》ていわゆる儒者と言うものは、はなはだ拙き者で、その中にもこの太宰という男は、心狭くねじけたる奴でとにかくに御国を謗《そし》らんとする心に、右の如く判然と致したる別《わけ》のあるにも心つかず、一つに混じ、神道と書ける字《もじ》になずんで、かかる臆説を言うたものじゃ。これだによって古学をする人は、能くその差別を弁うべきことじゃ」（引用は『俗神道大意』巻一より。〔　〕内は筆者）。

篤胤はこのあとさらに、第四の神道として両部神道、第五の神道として唯一神道をあげ、それらは真の神道ではない。仏教に乱されたものである。両部神道というのは、空海が仏教に迷わされて神道をねじ曲げたものであるとして、この第四、第五の神道にたいして痛烈な罵倒と批判の言葉をあびせておりますが、それについては今日は当面の問題でありませんので、省くことにします。

いままで述べましたように、篤胤は日本の神道と中国の神道の違いを強調して、とくに太宰春台などの儒者の神道観を徹底的に排撃するわけです。

江戸時代の中国文献学

『赤県太古伝』の編纂と論証

篤胤の晩年に『赤県太古伝《せっけんたいこでん》』という未完稿があります。篤胤の中国学は私の見るところかなり水準が高く、儒家の古典はもちろんのこと、明の孫瑴《かく》の『古微書《こびしょ》』、これは中国の緯書を集めて校訂した書物ですが、それから十一世紀の北宋の張君房の『雲笈七籤《うんきゅうしちせん》』、これは、だいたい唐代までに道教の経典がずいぶんたくさんつくられますが、そのなかで比較的素性のたしかなものを集めた叢書です。この撰者の張君房は、科挙の試験に合格した、当時一流の知識人ですが、政治事件に連坐して杭州の西湖のほとりに流されていた。ところがそこに道蔵があって、それを勉強して、そのなかで道教の宗教哲学の精髄部分だけをぬきだして、一種のアンソロジーとして編纂したものですが、篤胤はこの『雲笈七籤』をもよく読んで引いています。しかも『古微書』とともに『雲笈七籤』を研究の中心において緯書や道書などにも広く目を通し、晩年の篤胤は、日本の神道が中国の神道と密接な関連をもつことに注目をし、日本の神道を理解するためには、中国の神道を理解することが不可欠であることを深刻に認識し、またそれを強調しております。もっとも、篤胤の結論は逆立ちしているわけで、研究のプロセスはかなり水準の高い中国学をふまえているのですが、結論は、日本の神道は中国の神道の本家である、本家である日本の神道の部分的なものが中国に伝わっているんだというふうに強調するわけです。

この『赤県太古伝』の「赤県」というのは中国という意味ですが、この書物の最後のところは未完稿のままになっています。終わりのほうは本文だけをあげて注解のないところもありますが、そのなかで中国の神道と日本の神道とがパラレルの関係にあることを彼は論証しようとして、中国の古典のなかから日本の神道と関連をもっているものを集めてきて、それを十四章に整理し直すわけです。それが『赤県太古伝』です。そこで、この『赤県太古伝』のなかにどういう文献を資料として使っているかを、つぎに列挙してみます。

(1)『老子道徳経』　これをいちばんたくさん引用しています。『老子』はだいたい老子の「道」を説明しているところを多くとってきて、詳細な注解、解説をつけています。

(2)『老子中経』　これは、老子が神格化されて道教の神様になってからの教誡を記録した道教の文献です。『道蔵』の太清部に収められています。

(3)『淮南子』　老荘の学説に基づいて、周末秦漢初の儒家、兵家、法家、墨家などの思想をもとり入れ、治乱興亡と政治や社会の理想的な在り方を記載した書。

(4)『列子』　荘子に先だつ道家の思想家列禦寇《れつぎょこう》の著書とされていますが、この書のなかでも彼はとくに湯問篇をひじょうに重視します。これは、中国の古代神話を集めた部分です。

(5)『山海《せんがい》経』　山海の神秘な動植物のことなどを記した一種の古代地理書。

(6)『水経注』　北魏の酈《れき》道元の書いた河川の水脈を中心にした一種の人文地理書ですが、いろいろ各地域の神話伝説をも集めて載せています。

(7)『呂氏春秋』（大楽篇）　天地開闢説、つまり宇宙生成論と関係をもつもので、世界は太一から始まって、それが両儀に分かれるという。これは『易』の繫辞伝とまったく同じ発想で書かれているのですが、『易』では、「太極両儀を生じ、両儀四象を生ず」となっているのが、『呂氏春秋』の大楽篇では、太極という言葉を使っていません。そのことからも『易』の繫辞伝の成立が『呂氏春秋』のころには確定していなかったということの論拠に使われるのですが、篤胤はやはりちゃんとこの文章に目をつけております。

(8)『鶡冠子《かつかんし》』（泰鴻篇）　これも同じような宇宙生成論で、成立年代は六朝時代にまで下ると思いますが、この書の天地開闢を論じた文章を引いています。

(9)『十州記』　これは漢の武帝のころ、前二世紀後半の東方朔が書いたということになっていますが、どうも四、五世紀ごろまでその成立を下げなければならないようです。一種の世界地理の書。

(10)『漢武帝内伝』　著者は『漢書』を書いた班固とされています。これは、漢の武帝が西王母という仙女から不老不死の秘術を授かったけれど、行いを慎しまず権力におごって、結局だめになってしまったということを説話化した小説で、やはりこのなかに、世界の始まりと、神々が誕生してくるプロセスが書いてあります。そこを篤胤はとってきて資料に使っているわけです。

(11)『三五暦記』　いままでの日本古代史研究でよく引用される書物でもあり、『日本書紀』の注釈書なんかにもよくでてくるもので、三世紀の徐整が書いたものとされています。これもやはり天文暦数の学と関連させて、世界の始まりを説いています。

(12)『述異記』　六世紀の任昉《じんぼう》という学者の書いたもので、盤古伝説を記しています。南方系の神話が三世紀から四世紀にかけて、中国の本土のほうへ伝わってきたものと推定されますが、篤胤はこの盤古真王夫妻を神産巣日《かみむすび》と高御産巣日《たかみむすび》に当てるわけです。天地造化の神であるという、この盤古真王が死んだときに、左の目が太陽になり、右の目が月になるといった簡単な記述があるのですが、これが『古事記』と密接な関連をもつことは、あとで申します。

(13)『枕中記』　葛洪の著述ですが、この書物は道蔵(洞真部譜籙類)のなかでは『元始上真衆仙記』という名になっていて、『枕中記』という名前ではでていませんが、内容はまったく同じものです。

このあとは、だいたい緯書のたぐいになります。

⒁『河図括地象《かとかつちしよう》』　古代地理を神話化したもの。

⒂『河図始開図』　これも括地象と同じような緯書。

⒃『春秋命暦序』　『春秋』という書物は、「元年春王の正月」という書きだしで始まるのですが、この元年の「元」を老子の哲学、道の哲学で形而上学的に解釈したのが董仲舒《とうちゆうじよ》です。「元」を世界の始まりというふうに解釈しますから、天地開闢から世界の展開を神秘的に語っている要素がこの書物にはあるわけで、篤胤もその点に注目します。

⒄『春秋保乾図』　これも同じような内容の緯書です。

⒅『岳瀆名山記《がくとくめいざんき》』　これは、いままでのものからみると、かなり新しい資料になりますが、九世紀から十世紀、唐代末期から五代へかけての道教を代表する杜光庭の著作です。山や川と神仙との関係を『山海経』のような形で記述しています。それを、日本の『古事記』のなかにでてくる地名、山や川の名前と結びつけるために、篤胤はあえて、この書物をもっとも由緒正しく、古道、古説を伝えているものとして、その文章を引用しています。

以上のように『赤県太古伝』の十四章の本文は、いまあげましたような文献を全部つらねて、『古事記』の神倭伊波礼毘古《かむやまといはれびこ》、つまり神武天皇ごろまでと対応する形で中国古代史の神代の巻を書いているわけです。そして彼は、「惟神の道」というのは老子の哲学の「自然」であると結論します。それから老子が「大道」というのは緯書などに見える上皇太一、つまり二世紀の中ごろに書かれたといわれる『太平経』のなかの上皇太一と同じで、それは『古事記』でいうと天之御中主神《あめのみなかぬしのかみ》に当たる。日本の天之御中主の神話が中国に伝わって、中国人がそれをうろ覚えで記録して、不完全な形で残っているのが上皇太一であり、老子のいわゆる大道であるといいます。またさきほどあげました『三五暦記』などに記されている盤古真王はカップルであったということを篤胤はいろいろ論証します。盤古真王は元始天王ともいいますが、このことは中国の文献（上真衆仙記＝枕中記）などに見えています。この元始天王ともよばれるカップルの盤古真王は高御産巣日と神産巣日です。

それから緯書のなかに見える天皇大帝《てんこうだいてい》、これは西暦前三世紀ごろから占星術的な天文学のなかで北極星を神格化した宇宙の最高神ですが、この天皇大帝は伊邪那岐命《いざなきのみこと》であるといいます。ただし、篤胤は同じく緯書の説に拠って、この天皇大帝を三皇の一人である天皇と同一視し、天皇と地皇と人皇をセットにして考えます。私の解釈では、天皇大帝というのはもともと、『論語』などに見える北辰の星を神格化して、占星術的な天文学のなかから前三世紀ぐらいにでてきた、発生の系列のちがう最高神であります。ところが、『易』の三才などを神格化した天皇・地皇・人皇のいわゆる三皇は、それよりもややおくれて前三世紀の終わりから前二世紀ごろにでてきます。これを二つの系列のものとして整理しないと中国の古代史はわかりにくいと思うのですが、篤胤は、私が系列のちがうと考える天皇大帝と三皇の一人である天皇とをまったくイコールであると解釈している。したがって、緯書のなかに見える天皇氏を天皇大帝とイコールにして、天皇氏を伊邪那岐命、それから地皇氏を伊邪那美命《いざなみのみこと》に当てるわけです。そして緯書の人皇氏を建速須佐之男命《たけはやすさのをのみこと》に当てます。

それからさきほどの『十州記』、これは前二世紀に東方朔が書いたことになっていますけれども、実際はそれよりも後の作品だと思われますが、この書のなかに九気丈人《きゆうきじようじん》という天上世界の仙人がでてきます。これは道教の神さまです。ついでに申しますと、『易』の生成論の哲学では、偶数が基本になるわけですね。太極が両儀を生ずる。つまり二を生じて、両儀が四象を生ずるというふうにして二の倍数でいくわけです。ところが、道教のほうでは三の倍数で、道が一を生じ、一が三となり、三が九を生ずるというふうに考えます。そしてこの両者が西暦後二世紀ごろに折衷されます。そうすると、道教の宇宙論における九天説と儒教経学の宇宙論における六天説―『周礼』などの六天説―との対立が何らかの形で調整されなければならなくなる。そこで結局九天説が神仙の世界に、六天説が死者の世界にもっていかれる。そして世界の北の果ての海原のなかに羅酆《らほう》山という死者の集まる山があって、その山に六天宮という冥界の役所があるというふうに整理されて、その整理のほぼ固まるのが四世紀です。

とにかくそういう形で九気丈人、あるいは九天老人とか九のつく天上世界の神さまが道教のなかで三世紀から四世紀にかけてたくさん出現してくるわけです。そのなかの一つである九気丈人というのを篤胤は『古事記』の海神の豊玉毘売命《とよたまひめのみこと》に当てます。そして『漢武帝内伝』のなかに見える、四世紀ぐらいから道教の神としてでてくる東海小童君《とうかいしょうどうくん》という東のほうの神さまですが、その東海小童君が少名毘古那《すくなびこな》の神であるという。こういったものを篤胤はもちろん彼なりに詳細な論証を加えているわけですが、その論証はまだしも多少の説得性をもっています。

ところが、こんどは地名の同定になると、これはなんともいいようのない破天荒のものとなります。たとえば道教の蓬萊山というのは、これは橘の小戸《おと》の檍原《あわぎ》であるということを彼はいろいろ論証するのですけれども、どうも説得性がないように思われます。それから『列子』そのほか道教の文献にでてくる大壑暘谷《だいがくようこく》、篤胤はこの大壑という言葉がひじょうに好きで、この言葉を自分のペンネームに使っているほどですが、これは『列子』のなかにでてくる道家系の言葉ですね。そして暘谷というのは、『山海経』やそのほか中国の古代文献にでてきますが、太陽のでるところです。それを早鞆の瀬戸に当てます。それから『列子』などにでてくる海のなかにある神仙の山、方丈山を淡路島に当てます。あとこまかいことは申しませんが、そういうふうにして『赤県太古伝』と『古事記』とを結びつけていくという論証をかなり強引に行なっているわけです。

篤胤のこのような論証、あるいは『赤県太古伝』の編纂と論証、それにはかなりの問題があります。とくにその文献資料の処理の仕方において、これは江戸時代の中国学ですからやむをえない面もあったかと思いますが、かなりの問題が残るように思います。しかし、彼の体系的な把握、それと関連して視野の広さ、それから超越的・神秘的な世界にたいする直観力の鋭さ、あるいは着想力、構想力の豊かさといったものは、これは文献資料処理の不十分さにもかかわらずひじょうに啓発されるところがあります。少なくとも私には啓発されるところがあるように思われます。とくに道家、道教の思想にたいする理解力には、はなはだみるべきものがあるというふうに感じます。

ところで道家・道教の思想にたいして鋭敏な反応力をもつということになると、いきおい、彼が師と仰ぐ宣長の学説と真っ向から衝突するという羽目になります。彼は全体としては、宣長の学説を師説とか、宣長を偉大な師であるとかいうふうに奉っておりますが、こと道家、とくに『老子』の思想の解釈の問題になりますと、かなり激しい言葉で宣長を批判しております。たとえば『赤県太古伝』のはじめのところで、老子に関して宣長がひじょうに僻見をもっているということをつぎのようにいっております。すなわち、

「わが先師の古今に比類なき大活眼なるすら世儒と同じさまに老荘を混視して、老子をいたくとがめられしこともあれば、まして先師にしかざる倫《たぐい》の喧々たる議論は言うも足らず」。

それからまた、

「わが先師の言は、古道学の旨の、老子の意に似たりと、ある人の云えるに答えて、老子の自然というは真の自然にあらず、まことに儒よりも甚しく誣《し》いたるものなり。もしまことに自然を尊まば、世の中はたといいかようになり行くとも、なり行くままにまかせてあるべきことなり。儒の行わるるも自然のそこない行くも皆天地自然のことなるべきに、それを悪しとて古の自然を誣うるは、かえりて自然にそむける誣い言なり」。

という言葉をあげて、そういうふうにいわれている宣長の言葉は、「みなかなえりとは聞こえず」と、はっきり否定しています。「さるは、師の言のごとくば、われわれ古学するともがらの神ながらなる道を解き明かすをも誣いごととせんか」、自分の神ながらの道、日本の神道の究明ということも牽強付会ということになってしまうけれども、「老子の五千文をあらわせるは」そういったものとはちがうのだということで、『葛花』を引き、あと宣長の著作をずっと引きまして、老子に批判的な言辞を宣長が述べているところは、逐一それに反駁を加えています。

そして「老子の伝えし玄道の本《もと》は、わが皇神《すめがみ》たちの早く彼処《かしこ》に授けたまいし道にして」、「我が神典の神ながらの道、神道と異なることなし」と強調するのであります。

篤胤が日本の神道をどのように考えていたかということについては、まだ説明すべき点もありますが、だいたい以上のようなことです。

私としては、日本の神道がどういうものかということはまだ十分にわかっていませんが、いちおう篤胤の日本の神道理解というものを足場にして考えてみたいと思いましたので、はじめに以上述べましたようなことに論及したわけです。そこで篤胤の日本神道についての見解、考え方が現在の中国宗教思想史、とくに中国道教思想史の研究段階からみてどのように考えられるか、ということをつぎに少しく考えてみたいと思います。

神話の成立と中国宗教思想との関連

自然の神格化と呪術的宗教思想

神道という言葉が『日本書紀』にはじめて見えることは先ほどふれましたが、『日本書紀』が『古事記』よりもいっそう強く中国人もしくは中国人の文章、つまり漢文を意識して書かれていますことは、いままでの学者も既に指摘しているとおりです。宣長が『日本書紀』よりも『古事記』を重んじた理由もここにあるわけで、宣長の考え方と篤胤の考え方もその点では一致しています。そこで、日本の古代の神道を考える場合に、あるいは中国の神道との比較を考える場合に、『日本書紀』はいちおうおきまして、『古事記』のなかで天之御中主の神から天之常立《とこたち》の神にいたる、いわゆる別《こと》天つ神としての五柱の神、そして国之常立の神から、伊邪那岐・伊邪那美にいたる、いわゆる神世七代《かみよななよ》を経て、あとずっと神倭伊波礼毘古命、すなわち神武天皇のころまでの記述を見てみますと、中国の古代思想もしくは古代宗教思想と密接な関連をもつのではないかと思われる記述がかなり見えます。そのことをいま私は研究として煮詰めるところまでいっていませんが、いちおう『古事記』を読んで、これは中国の古代思想あるいは古代宗教思想と関連があるのではないかと考える点をいくつかあげてみたいと思います。

その第一は、これはさきほどもちょっと申しましたけれども、伊邪那岐命が黄泉《よもつ》国を出て禊《みそぎ》を行なったときに、「左の御目《みめ》を洗ひたまふ時に、成れる神の名は、天照大御神《あまてらすおほみかみ》。次に右の御目を洗ひたまふ時に、成れる神の名は、月読命《つくよみのみこと》。次に御鼻《みはな》を洗ひたまふ時に、成れる神の名は、建速須佐之《たけはやすさの》男命《をのみこと》」ということの記事が、中国の文献に同じような文章として見えることは篤胤自身も気がついています。彼は、先ほどいいましたように梁の任昉の『述異記』を引いていいます。ただし、任昉の『述異記』はあまりくわしくなくて、目が日月になったという程度のことで、はっきり左右に分けてないのです。それで篤胤は『述異記』を補うものとして、『帝王五運歴年記』という書物をあげて、そこにはからだの各部分が全部日月草木そのほかいろいろな自然物になったと書いてあるということから、「此《こ》は皆我が神世の説の訛《あやま》り遺《のこ》れる」ものであると彼はいっております。つまり中国に不完全な形で残っているんだという、さきほどの彼の論法と同じです。

そこで中国にいま残っている文献で、はっきりと左の目が何、右の目が何というふうにこまかく書いている、例えば髪の毛が草木になるといった詳細な記述があるのは、時代がちょっとさがりますが、唐代の文献で『雲笈七籤』(巻五十六)に載っている著者名未詳の『元気論』です。この『元気論』は世界が一元気から構成されてくるということを述べたもので―三浦梅園も『元炁〔気〕

論』という本を書いていますが、梅園はこの『元気論』を参考にしていると私は推定します—、この『元気論』の中に、『帝王五運歴年記』として篤胤があげている文章とまったく同じ長文の文章が見えます。いずれにしても日〔天照〕、月〔月読〕が両目であったということは、中国の任昉が六世紀ごろ書いたといわれる『述異記』に見えているわけであります。ただ、任昉の『述異記』では左右がこまかく対応していないのです。しかし原型であることはまちがいないのであって、『述異記』の文章はさらに六朝前半期の道教文献である『霊宝五符序』(『道蔵』洞玄部神符類所収)などに基づいたにちがいない。その『元気論』ないし『霊宝五符序』などと同じ文章を篤胤は、『帝王五運歴年記』として引いたのだと思います。もっとも、日月が盤古真王やそのほかの巨人たちの目からできたという話は、インドにもあるらしいし、それからギリシャにもあるようです。それは篤胤もそういうことをいっています。ただ、『古事記』が書かれた段階ではインドのものを見たとか、ギリシャのものを見たとかいうよりは、これはやはり中国の文献を見て書いたといえるだろうと思います。だからそういう意味で関連が考えられるということです。

また禊ということですが、これも一概に決められないわけで、日本の古くからの、あるいは縄文期あたりからの習俗としてそういうものがあったかもしれません。しかし禊はやはり中国でかなり古くから、文献としては三世紀くらいからでてきますから、それとの関係を検討する必要があります。『古事記』や『日本書紀』の中の禊についての記述を見るとまったく無関係ではありません。

それから伊邪那岐が黄泉国から逃げるときに、「投げ棄《う》つる御杖《みつゑ》に成れる神の名は」というのがありますが、杖を投げ棄ててそれが神だとかそのほかのものに変わったという話は、『列子』の湯問篇にもあります。夸父《こほ》が杖を棄てると—同じ棄という字を使って—その杖が鄧林になったという話で、鄧林というのは中国古代のひじょうに大きな森林ですが、その大森林の成立を夸父が投げ棄てた杖と結びつけている話です。これは『道蔵』の中にもときどきでてくるものです。もちろん中国だけでなくほかにもあるかもしれませんが、いちおう中国との関係を考える場合には注目していいと思います。

それから「黄泉比良《よもつひら》坂の坂本《さかもと》に到りし時、其の坂本に在る桃子《もものみ》三個《みつ》を取りて、待ち撃《う》てば、悉《ことごと》に迯《に》げ返《かへ》りき」、追手がみな逃げて行ったというところですが、その桃もしくは桃の実が宗教的な呪術力をもつということは、『周礼』や『左伝』をはじめ中国の民間信仰を記録した文献にはかなりたくさんでてきますし、京都でだされた『支那学』という雑誌の初期のものには、それに関連した論文がいくつか載せられています。

順序は前後しますけれども、伊邪那岐・伊邪那美が淤能碁呂島《おのころじま》に天降りまして、「天《あめ》の御柱《みはしら》を見《み》立《た》て」というその天の御柱、これは『古事記』にもう一カ所でてきますが、これは篤胤がすでに説明していますように中国に天柱伝説—天上世界もしくは天上の神仙世界と現実の人間世界を結ぶ通路としての柱—というものがあり、代表的なものは崑崙《こんろん》の山です。崑崙の山頂は天に通じていて、そこに柱がある（『竜魚河図』、『神異経』など）。それを伝わって行く。これも世界各地にある話だと思いますが、『古事記』の場合には、篤胤もいうようにやはり中国の天柱伝説、天柱説話というものとの関連を考えていいのではないかと思います。

それから国生みのところで、海の神、水の神、さらにまた風神、木神、山の神—これは土の神ともなりますが―そういったものを生んだというのも、中国の五行の神格化に関連しています。中国では三世紀くらいから『易』の八卦など自然界の現象を説明する原理的なものが全部神格化されていきます。これは先年永楽宮の展覧会が日本で行なわれたとき、天地八百万の神々の壁画の模写が持ってこられたのですが、それにも八卦、二十八宿などすべて神格化されていました。五行の神格化は緯書のなかで行なわれてきますが、そういったものと関連があるかもしれません。篤胤がそういう意味のことをいっておりますが、これは検討する必要があります。

また、『古事記』の国生みの前後に、「吾《あ》が生める子良《よ》からず」といって、「天つ神の命以《みことも》ちて」太占《ふとまに》で占ったという記述があります。その太占は、日本の土俗としてまったく考えられないことはないかもしれませんが、前後の記述から見ると、やはり占卜ということには中国との関連が考えられます。占卜というのは殷代からずっと行なわれているものです。そのあとの天の石屋戸《いわやと》に隠れたところでは、「真男鹿《まをしか》の肩《かた》を内抜《うつぬ》きに抜きて」占うというのがあって、鹿を使う占いというものも中国古代との関連が考えられますね。

それからあと『古事記』の中で何回かでてくる常世《とこよ》の国、これは黄泉国と関連しています。黄泉国の場合にははっきりと中国風に「黄泉」という文字を使っています。『春秋左伝』や『荘子』などで黄泉というのはだいたい地下のことです。従来の学説では、仏教が入るまでは中国には地下の世界の観念はなかったといわれるんですが、これは必ずしもそうとはいえないと思います。『楚辞』の招魂などの記述を見ても、地下の世界という観念の成立が仏教の入る以前の中国にあったであろうことは、十分に考えられます。最近の中国における考古学の発掘物からも、仏教が入る以前に地下の世界の観念はあったと見ていいと思います。それはともかく、常世の国はひじょうな大海原のかなたにあると思われていて、先ほどの羅酆山の北の海原のなかにある死者の世界とどこかでひっかかりが考えられます。

もう少し例をあげてみますと、天照大御神と須佐之男命が誓約《うけい》をするところで、天照が須佐之男に「汝《いまし》の心の清く明《あか》きは何《いかに》して知らむ」と詔《の》りたもうています。この「清く明き」―清明という言葉は、ひじょうに古く『詩経』や『礼記』などに見えるわけですが、これを明確な宗教的概念として使っているのは『太平経』あたりからですね。『太平経』は二世紀のなかば、西暦後一四〇年代に世に出たものだと『後漢書』に記述があります。それよりは多少おくれるにしても古いものです。

三種の神器―鏡と剣と玉

それから岩戸隠れの場合に、「天の金山《かなやま》の鉄《まがね》を取りて、鍛人《かねち》天津麻羅《あまつまら》を求《ま》ぎて、伊斯許理度売命《いしこりどめのみこと》に科《おほ》せて鏡を作らしめ」、この場合の鏡は銅鏡でなくて鉄鏡ということになりそうですが、それから「玉祖命《たまのやのみこと》に科せて、八尺《やさか》の勾璁《まがたま》」をつくらせた。それから八俣の大蛇から草薙の剣がでたという話、これは天孫降臨のところではいちおう三種の神器にまとめられて、そしてその三種の神器のなかでとくに天照は鏡を重視して、これを私の身代わりと思えといったという記述がありますが、鏡と剣と玉、とくに鏡と剣はセットにされています。そして、『日本書紀』の記述では皇位の授受はほとんど鏡と剣になっていて、玉は加わっていないわけですね。『古語拾遺』も同じで、鏡と剣です。天の岩戸隠れの場合には鏡と玉の二つになっていて、草薙の剣はあとのところにでてきます。

ただ天孫降臨のときには三つをセットにしています。これも最近の中国の漢代の墓の発掘報告を見ますと、だいたい頭のところに鏡を置いて、死体の両脇に剣と玉を置いています。三点セットになっています。それから『日本書紀』には、筑紫の国、周防の国から大和朝廷に降伏してくるときに、船に五百枝の賢木《さかき》を立てて鏡と玉と剣を結びつけていたという記述が見えます。降伏することと死者の埋葬との間には凶事としての共通性が考えられます。そして中国の道教では死者の世界と天上の神仙世界とはペアであるとされ、天上世界の神が死者の功過を裁き、死者の世界を管理するわけですから、死者を墓のなかに鎮めるための鏡と剣と玉は同時に天上世界の最高神の象徴であるともされます。ただ、中国の道教で確認できますのは鏡と剣、これは六世紀の段階で天上世界の神の権威のシンボルとされるとともに地上の世界の帝王権力のシンボルともされるようになりますが、本来の道教では玉を重視しません。玉というのは、儒教系統の『周礼』などの祭りでは使われています。しかし道教の祭りでは鏡と剣がよく使われます。いずれにしても技術の問題も含めて両者の密接な関連が考えられます。鏡と剣との関係については、私は前に「道教における鏡と剣—その思想の源流—」(『東方学報』京都第四十五冊所収)という論文を書きましたが、そこでこまかく論証しておいたつもりですから、それを見ていただきたいと思います。

そのことと関連して大国主のところに馬と鞍と鐙《あぶみ》ができてきますが、「ウマ(馬)」と「ウメ(梅)」はもともと日本になくて、大陸から渡ってきたといわれます。そして中国語の「マ」が鼻音ですから、それに母音の「ウ」がついて「マ」が「ウマ」になった、それから「ウメ」というのも、中国語の「メイ」の上に「ウ」がついて「ウメ」になったという説があって、考古学でも馬や馬具の発掘は時期的に少しおくれるといわれているようですが、そういうことも鏡や剣、つまり製銅技術や製鉄技術というものと関連して、こういう神話の成立時期、あるいは大陸との関係というものが今後検討しなおされる必要があると思います。

それからやはり大国主に関連して、例の素兎《しろうさぎ》がけがをしたときに蒲《がま》の黄《はな》で治療したらいいと教えているその蒲ですね。蒲というのはアヤメ科の植物のようで、このことはあとで専門家の方に教えていただきたいのですが、中国の六朝時代には蒲は宗教的な呪術力をもつものとして、例えば『荊《けい》楚《そ》歳時記』という六世紀にできた年中行事と民間習俗を書いた書物の中では、悪魔除けに蒲でつくった人形を門に吊るすというような話がありますし、中国の本草学では、蒲は血止めの薬というふうに効能が書かれています。それから、『古事記』の中で、貝殻の灰、とくに蛤を焼いて一種の石灰ができるわけですが、それでよみがえらせたという話も見えております。蛤やほかの貝類を焼いてできた石灰で腐敗を防いだり、あるいは医薬として使うという話は、中国ではかなり古くて、紀元前までさかのぼる記述がありますから、そういったものとの関連も考えられます。それからかまどの神を拝《いっ》くことも、前二世紀の『史記』の封禅書に見えていますし、その祭りの宗教呪術的な効能を山東省から河北省の方術の士たちが宣伝したという話もくわしく載っています。それから家の門《みかど》の神も同じであり、国譲りのところで鳴女《なきめ》の雉《きぎし》が使者に行くとあります。雉というのも『儀礼』に使者のシンボルとして雉が使われるという記述がありますから、そういったものとの関連が考えられます。それから神武東征のときの八咫烏《やたがらす》、烏というのは中国でひじょうに古くから太陽の中に宿るものとされ、その烏には足が三本ある。三足の烏はひじょうに宗教的な呪術力をもっているという記述がありますから、その関係も鏡と剣との関連でもう少し詰めていけば、かなりはっきりと確認されるのではないかと思います。

それからあと海神の娘の豊玉毘売《とよたまひめ》と日子穂穂手見命《ひこほほてみのみこと》との獣婚神話、また海神の使者としての鰐鮫《わにざめ》、これらも中国の文献にはひじょうに古くから見えています。例えば四世紀に書かれた『帝王世紀』という書物を見ますと、古代の帝王は竜と交わって生まれてきたとか、そのほか、いろんな獣と交わってできたという話がずっと載せられています。海神の使者として鰐鮫が使われるというのは、『史記』の封禅書、つまり前二世紀の文献の中で、東の海の中にある蓬萊島の海神の使者は鮫魚《こうぎょ》となっています。この鮫魚は、自分の気にくわないと、陸地から来る使者を追い返したり船を転覆させたりするという話が載っていて、海神の使者としての鰐鮫というのも、これと関連があるように思います。

そのほか漢訳仏典との関連を思わせる記述が『古事記』の中にところどころ見えます。例えば神神が動くときに天地鳴動するというようないい方、それから例の天照と須佐之男の誓いのときに、須佐之男の持っている十拳《とつか》の剣が打折三段という、天照の呪文で三段にくだけ散ったという話、これは『法華経』の普門品の中に、無実の罪でとらわれて打ち首になるというときでも、普門品を念ずると、そのふるった刃が数段にこなごなにくだけるとか、道蔵の中にも打折三段に近いような表現がときどき見えております。この場合には、道蔵のそれも仏教の漢訳仏典の影響を受けていると見ていいわけです。それから綿津見神の宮の描写、これは篤胤もいっておりますけれども、そこに仏教の竜宮伝説がふまえられているということは、ほぼ確実であるとみていいと思います。

中国古代の神道の系譜

儒家の「天」と「徳」、道家の「道」と法家の「法」の思想

以上のことは、『古事記』の記述の中で中国古代の呪術宗教的な思想との関連がかなりはっきりしたものと、関連があるらしいというものとを含めてあげてみたのですが、ではそういった事実をどのように解釈するのか、現代の中国学の研究段階でどのように理解していったらいいのかという問題がつぎにでてきます。そのためには、いったい中国の神道というものは、『古事記』の成立する七一二年、八世紀初頭までにどういう展開を見せているのかということを考えてみなければなりません。そういう研究はまだ十分になされていないのです。ですから、今後われわれが努力してやらなければならないことですが、少なくとも大きな見通しとしてどういう展開をし、ほぼ確実なものとしてどういう文献資料があるのか、といったことの検討から始めなければいけないと思います。

それには篤胤のように強引なやり方も、それなりの成果はあると思いますがまだ不十分でありま す。篤胤の場合にははっきりした研究の目的をもっているわけですね。当時は学問といえば仏教学のほか儒学と蘭学があって、篤胤はそれらにたいして激しい憤りをもっていた。オロシャ船が日本に近づいてくる、このままでは日本は絶対だめになる、儒者はへなへなしたことをいっている、やつらは口先だけの学問で、何も実践力をともなわない。蘭学の連中は西洋かぶれで、これは物の役

にたたない。だから日本を救うのはまさに神道であって、わが国は神の造りたもうた国、日本人はすべて神の子孫であるという自覚なしには、この難局を打開することはできないのだ、と。そういう大きな前提が篤胤の牽強付会ともいえる神道学の理念を生みだしているわけで、少なくともその時点では篤胤の神道学も評価されていいと思いますが、現在のわれわれが篤胤と同じ態度方向で古代史を考えるということには、私は興味がありません。そこで、それではどういうふうに『古事記』の記述を中心とする日本の神道と、それから中国の古代文献、とくに宗教思想史関係の文献との関係を考えるか、そのことのひじょうに大ざっぱな見通しだけをここで申しておきたいと思います。

中国の神道のあらましについては、以前に「天皇と紫宮と真人―中国古代の神道―」(岩波『思想』一九七七年七月号)を書きましたが、私は中国の古代思想の展開を有神論の系統と無神論の系統との二つに大きく分けるという考え方をとっております。いままでのシナ学とか漢学は、無神論の系統だけ、というといい過ぎですが、だいたい儒学、儒教経典学、そういったものを主流としてきました。したがってもう一つの流れである神秘思想、宗教思想のほうはほとんど基礎的な研究ができていない状況であると思います。それについては私の見通しとして「墨子の思想と道教―中国古代思想における有神論の系譜―」(『吉岡義豊博士還暦記念論文集』所収)という論文を書きましたので、詳細はそれを見ていただくとして、要点だけを簡単に申します。

私の研究は、文献を主な資料とします。文献以前の古代にまでさかのぼっていくことは、殷墟文字などを使えばできるわけですが、ここでは主として古代の文献を対象にしたいと思います。中国最古の文献といえば『詩経』と『書経』ですが、その『詩経』や『書経』の中に宇宙の最高神として昊天《こうてん》上帝というものがでてきます。あるいは略されて上帝という場合もありますが、この昊天上帝あるいは上帝を原点に置いて、これを否定する方向と肯定する方向に中国古代思想史の展開を大きく二つに分けるという考え方です。

昊天上帝を否定する方向としては、まず孔子を始祖とする儒家がでてきます。儒家の場合にはこれを「天」という原理的なものに置き換えて、その天にたいして人間の人格的な価値、「徳」を強調します。人間がいかなるあり方をもつかということは、結局「徳」すなわちその人格価値がすべてに優先するとして、それまでの昊天上帝が人間の運命をすべて支配しているという考え方から一歩足を踏み出します。それにたいしてさらにその考え方を根源的に推し進めるのは道家の説です。孔子学派、儒教の場合には教学の中心を礼と楽に置く、そして礼のなかでいちばん重要なのは祭りです。これは『礼記』のなかでも繰り返し強調されていることです。そうすると、その祭りがどのように形骸化したものであるにせよ、この祭りを切って捨てるということは礼を切って捨てることになって、儒教の教学体系の全体がくずれてしまうことになります。したがって十二世紀の朱子学はもちろんのこと、現在も北京に保存されている天壇にいたるまで天の祭りというものは宗教儀礼として捨て去ることができませんでした。それにたいして道家の場合には礼学にたいしても批判的な態度をとりますから、儒家の「天」をさらに根源的に原理化して形而上的な「道」という概念を確立します。道が昊天上帝に優先し、昊天上帝が霊妙でありうるのも、道の真理によるのだとして、道の概念を最高神の昊天上帝よりも根源的な原理として強調します。その道家の「道」の哲学をふまえてこんどは法家—韓非を代表者とする法律学派がでてくる。道家の「道」の哲学では、道の前では万人が平等であると主張します。その「道」の概念を「法」に置き換えて、法の前ではすべての人間が平等であるという法の哲学を展開させます。だいたいこの三つの流れが並行したり組み合わされたり、あるいはどれか一つが優位を占めたりして、結局、儒家が最終的に優位を占めることになるわけです。この流れは、昊天上帝という最高神の神格を否定する方向、その力を薄めていって、逆に人間の主体性を確立していくという方向で展開します。

墨家の思想―「上帝」の道教

それにたいして有神論のほうは、人間がいくら自己の主体性をもつといったところで、要するに神が存在しなければだめである。とくに強大な権力者というものは同じ人間の立場ではコントロールできないのであって、次元のちがう神によって権力者の暴走をチェックする以外にない、道徳の根源というものも神に根拠づけなければならない、と主張します。つまり昊天上帝を信仰し祭るという立場を忠実に守り、そのことをアクティブに強調する、これが墨家の思想です。墨家の場合には天を人格神としてとらえて、天の意志にかなう行為は義である、それにさからう行為は不義である。義なる行為にたいしては上帝の賞があたえられる。不義なる行為にたいしては罰があたえられる。具体的にいえば、天の神が寿命台帳を持っていて、人間の寿命をその行為の善悪によって伸び縮みさせる。善い行為があれば寿命を伸ばし、悪い行為があれば縮める、という道教の功過の思想が『墨子』の中ですでに原型的にでています。この上帝の義と不義という思想はキリスト教の考え方ともひじょうによく似ているので、中国にキリスト教が入った十七世紀以後、バイブルが漢訳される場合にも、神の義、不義という言葉が用いられています。マテオ・リッチなども、墨子の思想とキリスト教の思想は近いというようなことをいって、例の典礼問題をヨーロッパで起こすわけです。そういう意味でたしかにキリスト教にかなり近い考え方です。それから「道教」という言葉を最初に使っているのもこの『墨子』です。『墨子』はどういう意味で使っているかといいますと、上帝、これは天神ともいいますけれども、上帝の道教と考えるわけです。ですから上帝に天神という語を代入しますと天神の道教となり、天神の「神」と道教の「道」をとれば、「神道」という言葉になります。神の義すなわち昊天上帝という最高神の義に従って行動すること、これが道教であり神道であるという考え方です。そういうふうに私は解釈するわけです。

ところでこの墨家の思想というのは、戦国時代の後半期、つまり西暦前四世紀から三世紀にかけては結局儒家の勢力に押されるというか、いまいった儒家の「天」と「徳」の思想、人倫の教えのほうが勢力をもってきます。墨家は一時はひじょうに勢力をもっていました。すなわち『孟子』のなかで目の敵にして攻撃されているのは墨子ですから、教団としてはひじょうに大きな勢力をもっていたことが知られます。儒家としてはたいへん困る敵性をもっていたということです。

ところが、この墨家の思想が息を吹き返してくる時期がきます。そのきっかけをつくったのは秦の始皇帝です。この人はひじょうな神さま好きというか、歴代の帝王のなかでも神仙狂いのトップですね。これとそのつぎの漢の武帝が神仙狂いではいい勝負です。その詳細な行動の軌跡は『史記』の封禅書、『漢書』の郊祀志などに逐一載せられています。ところが、この始皇帝に神仙の売り込みをやる連中がでてくる。それは秦漢の方士といわれるものです。だいたい現在の河北省から山東省の沿岸地区が中心で、そこの出身者がひじょうに多い。そこは古代シャーマニズムのいわばセンターで、満州や北朝鮮のシャーマニズムとも関連をもっています。この方士がいまの山東から河北に臨んでいる渤海湾の蜃気楼現象などを利用して、神仙、不老長生の道を売り込む。そうすると、秦の始皇帝ももちろんそれに乗るわけで、帝王権力をバックにし、その方士たちをガイドにして山東、河北を巡行しながらいろいろのお祭りをやる。お祭りをやれば仙人が現れて不老不死の薬をくれると方士がたきつけるものですから、いよいよそのお祭りをたくさんやる。漢の武帝も同じことです。

そういった雰囲気のなかで、それ以前の儒学とそれ以後の儒教とが大きく性格を変えてきます。そして孔子、孟子の儒学と漢代以後の儒教との大きな転換点にたっているのが董仲舒です。彼は例の河北の出身者で、もともとはシャーマンであったと推定されますが、しかし彼はいちおう儒教の立場をとりますから、そこで表向きは儒教、けれども実質は、漢の武帝の神仙狂い、神祭りに同調した形で、天人合一の哲学というものを理論づけます。しかし、彼の天人合一論の具体的な内容は何かというと、結局先ほどの墨子の、上帝の義にかなうものにたいしては賞、上帝の意志にそわない不義の行為にたいしては罰という、これを別ないい方をして、賞を祥瑞《しょうずい》といい、罰を災異という言葉に置き換えます。しかし理論的な構造は墨子の天志――義を賞し不義を罰する天帝の意志――とまったく同じことです。ですから、董仲舒の場合も天志という言葉を繰り返し使っています。董仲舒が漢の武帝の諮問に答えた長編の文章(対策)がいま三首残っておりますが、その中にも天志という言葉が見えていますし、彼の著作とされる『春秋繁露』の中にも天志という言葉が繰り返し使われています。そして彼の祥瑞災異という天人感応の理論は、これを分析してみますと、墨子の天志の理論とまったく構造的には同じと見ることができるわけです。

宇宙生成論の哲学

そういう形で儒教も大きく方向転換するわけですが、その方士たちに呪術宗教的な一種の職業集団があって儒教の新しい動きと関連して、彼らの呪術宗教的な方術にだいたい四つのものが結びつくわけです。一つは『易』の哲学、それから儒教の経典の礼書のなかに載せる祭祀と儀礼、それから「道」の哲学、これは主として老子の哲学ですが、これを結びつけて、世界の始まりということをだんだん問題にしてきます。中国の思想史で世界の始まりという問題を最初にとりあげるのは、老荘の哲学です。ですから、方士たちのひじょうに素朴な呪術宗教的なものがだんだん変化発展していきますと、やはり一種の理論を必要とするようになります。そこで道家の哲学の天地開闢の理論といったものを抱き込んでくるわけです。董仲舒も、春秋学の解釈に老子の哲学、天地開闢の理論をもち込んでいますが、方士たちの呪術宗教的なものもやはり道家の、具体的には老子の「道」の哲学を抱き込んできます。それと当時の天文学、医学―医学は『史記』に扁鵲倉公《へんじゃくそうこう》列伝という医者の伝記を書いた部分があり、その中に『脈書上下経』あるいは『脈経』ともよばれる医学書が載せられており、その臨床治療例が二十幾つか『史記』の中にあげられています―がまた方士たちの道術のなかにとり込まれてきて、これらをその中に含む術数学とよばれる新しい学術思想の流れが、前二世紀、漢代の初期にさらに道家の「道」の哲学の底辺部に包摂されて、「道」に対する「事」

の世界の展開として整理されてきます。そのような「事」の世界と「道」の世界とを二本の柱として、漢代初期の学術思想の全体を統合しようとしたものが『淮南子《えなんじ》』です。

『淮南子』では、道家の哲学を基軸として世界の始まりから現実世界の人間のいろんな営み、政治行為、経済行為、技術行為、そういったもの全部を含めて、それを「道」の哲学として綜合し体系化することを試みています。それは『淮南子』という書物の構成を見たらわかることですが、『淮南子』はいちばん最初に原道篇を置いて根源的な道とは何かということを問題にしています。そのつぎが俶真篇。真というのは一、俶ははじめです。はじめの真というのは『老子』の「道は一を生ず」の一です。第三は天文篇で、一が天と地とに分かれる。したがって、天文篇のつぎに地形篇がきて、その天地に四時の循環があるから時則篇になります。そういう天地自然の世界の運行と現実の人間世界との接点としてつぎに覧冥篇と精神篇、それからあと万物の世界の根本原理を明らかにする本経篇、人間世界の頂点にたつ帝王の政治の技術ということで主術篇、あと現実世界のいろいろな政治現象、経済現象、そういったものを二十篇に整理して体系づけたものが『淮南子』です。ここで道家の立場から世界の構造がはっきり確立されます。

『淮南子』は道家の立場から整理したわけですが、儒学の易学の立場からそれを整理したのが前漢の後半期の象数の易学といわれるものです。それは京房易ということで知られていますが、京房という前一世紀の学者を中心にして一種の数理哲学、『易』を中心にして道家の世界構造の哲学もとり入れて象数の易学というものが形成されます。それをこんどは老子の哲学と易の哲学とを折衷集大成するという形で前一世紀の終わりに揚雄の『太玄経』がでてきます。これが基礎になってこんどは後漢の時代に経書を神秘的に解釈した文献―緯書がでてきます。緯書に先行するものとして、先ほどいいました漢代の方士が主として未来の政治的予言書である図讖《としん》というものをたくさんつくります。それにたいして後一世紀の段階では、こんどは儒家の経書を神秘的に解釈した緯書がでてきます。両者を合わせて讖緯思想とよび、後一世紀、二世紀の時期に大きな勢力をもってきます。先ほどその一部分の書名をあげましたような緯書がたくさんつくられてくるわけです。

老子の神格化と道教

ところが、その讖緯思想と関連して老子を神格化するという動きが二世紀の中ごろから起こってきます。いままでは哲学者であった老子が二世紀の中ごろから神格化されて、天上世界に住む神仙としての老君となります。そしてときどき地上の世界の乱れと苦しみを救うために降臨してきて、いろいろのお告げをする。そのお告げをする神としての老子を王朝の天子が祈福のために祭るということが公式に行なわれるようになります。すなわち一六〇年代に後漢の桓帝という天子が、老子の郷里に使者を派遣して、お祭りを何度も行なう。つまり老子が完全に神とされて帝王のお祭りの対象になるということが起こってきます。

そういった老子の神格化と関連して張角の太平道の宗教一揆が、また現在の山東・河北を中心にして起きてきます。それを引きついでそれと同じやり方で、勢力を西のほうにのばしていくのが張陵とその子の張衡、その孫の張魯のいわゆる三張道教です。これが教団組織をつくります。これは現在の中国農村の行政組織―生産隊、生産大隊―と似ていますが、軍隊組織で、教団のバイブルとしては『老子』を使います。それでリーダーの連中を集めて教義の講習会を行ない、ふつうの『老子』の解釈とはちがった特殊な宗教的解釈を行なう。それが敦煌から写本がでてきた三世紀の『想《そう》爾注《じちゅう》』とよばれるテキストです。

ちょうどこのころにこんどは浄土真宗のバイブルともいうべき三部経の一つ、『無量寿経』が三世紀の半ばに張角の太平道と同じ地域で翻訳されます。ですから、『無量寿経』の漢訳はそういった道教的雰囲気をそのまま反映しています。『無量寿経』の中には「道教」という言葉が四ヵ所も使われており、『無量寿経』全体の調子もひじょうに道教的もしくは老子哲学的で、たとえば「自然」という言葉が五十数ヵ所も使われております。頻繁に『老子』の言葉が使われていて、しかも阿弥陀仏の教えを「道教」というふうに漢訳しています。現在の漢訳『無量寿経』もこの「道教」という言葉をそのまま残しています。日本のお坊さんは漢文の意味をよく理解もせずに音読するだけですけれども、中身をよく注意して読むと確かに「道教」と書かれています。そして「道教」と訳されているというのには、その前からの歴史的な事情があるわけです。つまり老子の神格化と併行して老子を神として祭るときに、インドからきた仏陀を中国の神さまを祭るのと同じ仕方で併せ祭っていて、それは西暦後五〇年頃に楚王英によってすでに行なわれていました。そういう動きのなかで『無量寿経』が訳されて、しかもその訳はひじょうに道教くさい。主語が阿弥陀仏であるか、それとも太上老君という老子を神格化した神であるかの違いだけであって、そのほかはほとんど道教と重ね合わせた形で漢訳されているわけです。

そういった初期の道教や道教化された漢訳仏教の上に乗っかってくるのが四世紀の葛洪《かっこう》の『抱朴

子』です。この場合、葛洪に先行するものとして、彼のおじさんといわれる葛玄がいます。彼は北中国の晋王朝に征服される前の江南の呉の宗教思想家で、『史記』の封禅書にも載せられている呉越の伝統的な鬼道といったシャーマニズムを継承しています。そこへ晋の統一が行なわれてきますから、政治的な状況の変化が同時に宗教界にも影響してきて、呉越の地方の鬼道の上に、新しい時代のインテリである葛洪の神仙道が上乗せされます。そして東晋になると、こんどは、漢民族が北方の夷狄に追われて全面的に江南に移ってきます。そうなると江南の葛玄、葛洪の宗教をも包みながら、同時にもっと高次元の漢民族の宗教が起こってきます。それが四世紀から六世紀にかけての上清派の道教で、その道教の中心地は茅山《ぼうざん》ですから茅山道教ともいわれます。茅山は、南京の郊外八〇キロほどの所です。それでこの茅山道教は日本の古代宗教思想信仰とひじょうに密接な関係をもってきます。南京の郊外ですから、海を隔てて朝鮮と隣し、地理的にも日本といちばん接近しています。この茅山道教の教理学が梁の陶弘景によって確立されるのがだいたい六世紀の中ごろですから、『古事記』や『日本書紀』の書かれる百五十年余り前ということになります。

以上のような有神論の大きな宗教思想の流れがあります。そのことと関連して中国で神道という言葉は、篤胤もいうように『易』の観の卦の彖伝に最初に見える言葉ですが、その『易』の神道というのは、二世紀の段階で『太平経』の中で道教的なものに変えられていきます。その神道は、それ以前の『史記』の封禅書などに載せる鬼道というものを基盤に置いて、『詩経』『書経』や墨家の上帝信仰、『易経』や『老子』の形而上学などを包摂し、さらに仏教をもなかに包み込んでいきます。中国六朝時代の仏教の沙門たち、たとえば慧遠《えおん》とか僧肇《そうじょう》とかいう人たちも、仏教の真理を「神道」とよんでいますから、そういった仏教をも包摂しながら、すべて宗教的な世界、超越的な世界というものの真理を「神道」として理解するようになって、その真理を集大成した形で茅山道教〔上清派の道教〕ができあがります。人物でいえば陶弘景がその代表者であり、彼は道教の天師とよばれます。その宗教哲学は単なる理念的なものだけではなくて、同時に呪術や儀礼、教団組織をその基底にもつわけですが、六世紀の段階でいちおう完成して、それがそのあと隋から唐に引きつがれていきます。したがって唐代の道教も主流は陶弘景の系列の茅山道教です。ですから、陶弘景の道教にいたるまでが、日本古代の神道と密接な関連をもつ中国古代の宗教思想の大きな流れであるというふうに見ることができるだろうと思います。

日本古代史における道教思想の導入

そういうふうに見てきますと、例えば日本の古代史でも天武・持統のころからひじょうに道教色が濃くなってきます。『日本書紀』を見ましても、例えば天皇という称号がたびたび用いられています。それから「紫」という色がやはり重要視されている。また、八色《やくさ》の姓《かばね》に道教の言葉そのものずばりの「真人」、それを「マヒト」と訓ませて最上位においています。星占台がつくられたり、鏡と剣が皇位を象徴する二種の神器とされたりしています。そのほかもろもろの道教と関連する事象がかなり顕著になってきます。

それから学術思想の面でも、これまでは大宝律令の大学の教科である儒学を中心にいろいろ研究されていて、たしかにそれはそれでいいわけですが、しかし同時に例えば山上憶良が当時漢文文献でどういう本を読んでいたのかということは、これはある程度トレースできるわけですね。柿本人麿の場合でも同じことがいえます。もちろん大学の正課の科目かそれに近い範囲の漢籍を読んでいたことは確かですけれども、同時に憶良の場合だと、道教的な文献がずいぶん読まれています。道教関係の文献が憶良の書いている漢文の文章の中に頻繁に見えてきます。それから『遊仙窟』を憶良は読んでいます。これは空海も読んでいます。『遊仙窟』は軟文学と日本ではいわれていますが、これは中国の道教的な文芸作品なのです。

だから、当時の日本の知識人といわれていた人々がいったいどのような漢文文献を教養形成の過程で読んでいたのか、空海の場合には、憶良よりも一層明確に分析できるわけです。それについては私の「空海における漢文の学」（中央公論社『日本の名著・空海』所収）を見ていただきたいと思いますが、空海ほど明確な資料が整っていないにせよ、奈良朝期の日本の知識人がその教養形成のなかで読んでいた中国古典文献がどのようなものであったかをトレースするということは、これからの日本古代文化の研究において重要な問題ではないかと思います。と同時に、日本における神道と中国における宗教思想とのかかわり合いの問題も、もっと大きなパースペクティブをもって展望し、東アジア的な視野をもって研究することが必要だと思います。そのためには中国における神のある文明の流れ―有神論の思想の系譜―にあらためて注目し直さなければならないと思うのです。

八角古墳と八稜鏡
―古代日本と八角形の宗教哲学―

㈠

本日は日本古代の墳墓と鏡とにあらわれた八角という形をめぐって、その背景をなす古代の日本と中国の宗教思想とのかかわり、文化交流についてお話したいと思います。日本史の専門家によれば、七世紀の後半から八世紀の初めにかけていくつかの八角古墳がつくられたといわれます。八角古墳と申しますのは、古墳の平面形が八角になっている墓のことで、現在も飛鳥の地方に幾つか存在しております。それらのほとんどは天皇陵であるといわれ、その時期以前には日本に八角古墳はなかったといわれております。例えば天智天皇陵（六七一年逝去）、天武（六八六年逝去）・持統天皇（七〇二年逝去）の合葬陵。それから奈良の飛鳥村にある中尾山古墳、これは文武天皇（七〇七年逝去）の陵墓ではないかといわれ、同じく飛鳥村にある牽牛子塚《けんごしづか》古墳は斉明天皇（六六一年逝去）の御陵ではないかといわれていますが、これらの天皇陵がいずれも八角形をしているのです。

それから最近新聞紙上をにぎわしましたマルコ山古墳、これは後に岡ノ宮天皇の諡号をうけられました草壁皇子の墓ではないかという説もありますが、最近の調査ではこの古墳は八角古墳ではなく円墳だという説が有力なようです。ただしその円墳は、周辺部に石を二段に敷きつめた特異な外形をしていますので、八角古墳と似た性格をもつ墳墓であるとみることもできると思います。

それでは、七世紀後半より前の古墳はどうなっているかと申しますと、これも専門家の見解ですけれども、外形だけで天皇陵とそれ以外の、例えば豪族の墓とを見分けることはむずかしく、両者のちがいの基準は規模の大小のような相対的なものでしかないようです。

ところで七世紀後半になってはじめて、天皇陵が八角形という、一般の墳墓とは異なる外形をもつようになったのはなぜか。その原因については、これも日本史の専門家の方がいくつかの見解を出しています。それによりますと、六四五年にはじまる大化改新以後、唐の律令制度が大幅に導入され、それと同時に大陸の文化も全面的に受け入れられてくることに関連するのではないか、あるいはまた、それらの導入を可能にする天皇の権力が国内で強まってきたという事情に関連するのではないかなどともいわれております。

もう一つ注意しておきたいのは、文武天皇陵ではないかといわれている中尾山古墳以後は、八角古墳はまったく築造されていないということを、考古学・歴史学の専門家たちは述べていて、このことも八角古墳の意味を考える場合に念頭におかねばならないことです。

(二)

つぎに鏡の方です。『古事記』の中に、天照皇大神が「此の鏡は、専《もは》ら我が御魂《みたま》として、吾が前を拝《いつ》くが如《ごと》くいつき奉《まつ》れ」と命じられた記述があり、その鏡が五十鈴《いすず》の宮にいつきまつられて、その後もずっと鏡が現在の伊勢神宮の内宮のご神体にされているといわれます。つまり伊勢神宮のご神体は鏡であるということになります。

平安朝初期の延暦二十三年（八〇四）に大中臣真継《おおなかとみのまつぎ》らによって朝廷にたてまつられた『大神宮儀式帳』の中にはこういう言葉が見えていて、鏡がご神体であるという事実を裏づけます。「かけまくもかしこき天照らします大神《おおみかみ》、月読《つきよ》みの神の二柱と申すは、いざなぎのみこと、いざなみのみことのみとのまぐわいして生みませる神なり」とあって、このうち天照大御神については、「御形《みかた》は鏡にまします」とあるのがそれです。

その後日本の神社の多くは、伊勢神宮にならって鏡をご神体としてきました。私の少年時代、郷里（豊前の国）の村の氏神様のご神体が一体なんなのかに興味をもったことがありまして、あるとき神殿が修理されるとき、中に入って確かめたことがあるのです。そしてまぎれもなくご神体が鏡であることを確認したのでした。

それでは何故、村の神社やその総元締めとされる伊勢神宮のご神体が鏡になっているのでしょうか。これはまぎれもなく、中国古代の鏡の宗教哲学、鏡に対する宗教的な思想信仰が日本にもちこまれてきて神社信仰のなかに定着したものだと考えられます。と申しますのは、奈良の古い神社である三輪神社がよい例ですが、そこのご神体は社殿のすぐうしろにそびえたつ三輪山そのものなのです。山や自然物をご神体にしている神社は他にもいくつかあって、この方が古い形だと考えられます。それがある時期から鏡がご神体とされるように変化してきたと考えられるからです。

これは余談ですが、最近ナショナルの松下幸之助氏が京都のPHP研究所に伊勢神宮を模した祠《ほこら》を造り、そのご神体になっているものは「根元」と書いた一片の紙きれだそうです（朝日新聞一九七九年一月一三日の記事）。文字を書いた紙やお札をご神体にする例はやはり中国の古い時代にあり、鏡をご神体にするよりも古い形だと考えられます。

鏡が弥生時代以降に大陸から日本に持ち込まれてきたものであることは疑問の余地がありません。それ以前の日本で独自に製銅技術が開発され、銅鏡が製作されたというようなことは、考古学・人類学・民俗学・科学技術史などいろいろな学問的角度から検討してみても、とうてい考えられないことです。一方、中国では非常に古く、殷王朝の頃から製銅技術が高度に発達し、銅鏡が神秘な宗教的霊力をもつという思想や信仰も、紀元前、秦漢の頃からいろんな文献にみえてきております。ただし、鏡が宗教的霊力をもつというのは銅鏡に限られるわけで、鉄鏡はそうした霊力をもたないといったことが道教の文献のなかで強調されております。

鏡が中国から日本に持ち込まれてきたということは仿製鏡《ほうせいきょう》（日本でつくられた中国の鏡のイミテーション）を考えてみても理解されます。ですから、伊勢神宮をはじめ日本の神社の多くが鏡をご神体にしているという事実は、中国古代の宗教思想の影響をうけたものだと断定して誤りないと思います。

ところで、伊勢神宮の鏡は八稜鏡だという説があります。八稜鏡とは、考古学者によりますと、奈良、平安期に流行したスタイルの鏡で、八角形をしているといいます。弥生時代から古墳時代にかけて日本に存在したのは円鏡に限られていたはずである—これは小林行雄さんの『古鏡』の説で

図１：朝鮮楽浪古墳出土内行花文精白式鏡（西暦紀元六年）

すーといわれています。もしこの説が正しいとするならば、そしてまた伊勢神宮のご神体の鏡が果して八稜鏡であるとするならば、『古事記』に出てくる天照大御神の鏡と関連する神話の時期をずっと後のこととしなければならなくなります。小林さんはそのことを婉曲な形で示唆しておられます。

　このことについてもうすこし具体的に検討してみたいと思います。鎌倉時代の文献とされるものに『神道五部書』があり、その中の「伊勢二所（内宮・外宮）皇太神御鎮座伝記」（『続群書類聚』巻二所収）の原注を見ますと、「伊勢太神宮に祀る宝鏡は八咫《やた》の鏡である」と記され、さらに八咫を「八頭、八葉形である」と解説しています。ここでは八稜鏡とは書かれておりませんが、この八葉鏡をめぐっていろんな議論がされています。それらの議論を参照しますと、この八葉鏡というのは、王莽の居摂元年、西暦六年の紀年をもつ内行花文《ないこうかもん》精白式鏡、あるいはほぼ同時期の永平七年（西暦六四年）の内行花文鏡（ニューヨーク、ウインスロップ氏蔵）と似たようなものではないかと思われます。

　伊勢神宮の鏡がはたして八稜鏡であるのかどうかを確かめることは現在のわれわれには許されていないことです。たとえ許されるとしても現在の伊勢神宮の鏡は途中でなくなって、別のものに替ったという説もありまして、現在の鏡がはたして古い時代そのままのものであるのかどうかも疑問のあるところです。いずれにしましても、現在の段階ではそれを確かめることはとうてい不可能でであります。

だがこういうことは言えると思います。伊勢神宮の鏡が八稜鏡であったとしてもおかしくはない。十分に理由のあることであるし、その可能性も十分に考えられる。と申しますのは、先ほど申しました七世紀後半から八世紀初頭にかけて造られた天皇陵が八角形だったことと密接な関係があると思われるからです。八稜鏡の「八」と、八角古墳の「八」とは単なる数字の一致に止まるものではなくして、思想的にも密接な関連があると私は考えます。

(三)

中国では古く、文献の上では前二世紀の頃から、八角形の宗教哲学ともいうべきものが成立しており、それは天上の神〔上帝〕の祭祀儀礼と、それを形而上的に原理化した中国古代の自然哲学、さらにはまた天文暦学、天候気象学や医学などとも密接な関連をもっております。中国における天神の祭りも、自然哲学も、天文、気象学ないし医学も、それらの理論の根底基盤において共通しているのは、八角形の宗教哲学もしくは宇宙論であると私は考えております。

そこでまず、祭祀儀礼〔宇宙の最高神の祭りの仕方〕について検討してみたいと思います。そのことについて、以下に基礎資料として五つの文献記録を挙げたいと思いますが、その第一は司馬遷の『史記』の中の封禅書です。「封禅」とは帝王が世の太平を天神地祇に報告するために泰山〔山東省〕で行なう国家的な祭祀であり、封禅書とはこの封禅の祭りを中心としたさまざまな国家的祭祀の歴史を具体的に記述した一種の中国古代宗教思想史概説といった性格をもつ文献です。その中に老子と同郷の亳《はく》（安徽省）の出身で謬忌《ぼくき》という道術者が「太一《たいいつ》を祀るの方」〔宇宙の最高神であった太一神の祭り方〕を漢の天子である武帝に奏上して次のようにいっています。「天神の貴き者は太一である。太一の（補）佐を五帝という。古は天子、春と秋とを以て太一を東南郊に祭る。太牢〔牛・羊・豚の肉〕を用いて七日間祭りを行なう。壇を為《つく》って、八通の鬼道を開く」。詳しくはあとから補いますが、このなかの「八通の鬼道」の「八」に特に注目しておきたいと思います。

第二に、同じく封禅書の中に、つぎのような記述が見えております。「漢の武帝（西暦前一世紀）が甘泉宮《かんぜんきゅう》（陝西省淳化県西北。西安の西北約七五キロ。則天武后の乾《けん》陵の東北方）に行幸して、祠官《しかん》の寛舒《かんじょ》等に命じて、太一の祠壇を具《そな》えさせた。その祠壇は薄忌《はくき》〔謬忌《ぼくき》と同じ〕が造った太一の壇に倣《なら》った。壇は三垓《がい》〔三重〕にして、五帝の壇は環《めぐ》りて其の下に居る。各《おのおの》其の方の如くす。〔五帝を東西南北と中央の各方角に配当した〕」。黄帝は西南（黄帝は西南の方角に位置づけて祭った。ふつうの場合は五帝のうちの黄帝―木火土金水の土に配当―が中央に置かれるのですが、この場合は太一神が壇の中央におかれるので、このような配置となります）。そして壇全体には八通の鬼道を設けた（原文は「除《はら》った」）。

第三。前一世紀ごろの漢の武帝のときの天神の祭りは、その後もずっと受け継がれ、前漢の成帝のときには丞相《じょうしょう》の匡衡《きょうこう》という者がこの祭りについて次のような説明を加えています（『漢書』郊祀志）。「甘泉の泰畤《たいじ》〔前漢・武帝のときに行なった太一神の祭りの庭〕には紫壇が設けられ、その壇は八觚《はっこ》（『漢書』の注釈者である唐の顔師古《がんしこ》によると、八觚は八角と同義）である。宣《あまね》く通じて八方に象《かたど》る〔八方に通じる〕。五帝の壇は其の下に周《めぐ》り環《めぐ》る。又《さら》に群神の壇有り」。

宇宙の最高神〔太一神〕の祭りは後漢のころから国家祭祀として定着し、現在北京にある天壇はこれを受け継ぐものと見られます。そして最高神（後漢では太一神が皇天上帝とよばれている）の周りには、「群神の壇」すなわち雷の神、風の神、雨の神など、『後漢書』の祭祀志《さいしし》によれば凡そ千五百十四の神々が同心円的に配置されて祭りが行なわれる。祭りの主宰者は帝王です。

この後漢の祭祀に先行する、上に挙げました『漢書』の記事に関して特に注目しておきたいのは、神々を祭る壇が「八觚」すなわち八角形であったということ、また八角のそれぞれがあまねく八方に通ずることをシンボライズしているということです。

第四。『後漢書』の祭祀志には、建武元年（西暦二五）の宇宙の最高神〔上帝〕を祭る儀礼についての議論が載せられています。「光武は天地に祭告し、元始中（前漢・平帝の元始年間）の郊祭〔天の祭り〕の故事を采《と》り用いた」とある本文の注に『黄図』という書物を引いて、「元始四年（西暦四）、宰衡《さいこう》の王莽《おうもう》が奏して曰く、上帝の（祭）壇は、円《えん》にして八觚、直径は五丈、高さは九尺……神道を辟《ひら》いて、以て通ず」とあるのがそれです（元始元年はキリスト紀元元年と重なり、元始という語はのちに道教の最高神である元始天尊につながっていきます）。『史記』封禅書では「鬼道」という言葉を使っていたのが、ここでは「神道」に変えられています。

中国の古代で呪術宗教的な思想信仰を意味する言葉として、文献上最初に登場してくるのは「鬼道」です。鬼道とは巫術を中心とした一種のシャーマニズムですが、秦漢の時代になると、各地の男女のシャーマンを都に集めて、中央集権的な官僚組織の底辺に組みこんでいく。そのシャーマンたちの具体的な活動状況が『史記』封禅書に詳しく載せられています。ところが、こういう中国土着のシャーマニズムに上部構造的な観念形態をまとわせて、それを「神道」と名づけ、鬼道よりも高級な宗教だという主張が西暦後一、二世紀ごろから出現してきます。中国の宗教思想の展開と密接な関連をもつ日本の場合でも、古くは『魏志』倭人伝の中に「卑弥呼《ひみこ》は鬼道を事とす」と記されているように鬼道が広く行なわれていたのが、大陸との交渉が活潑になると、中国の神道が持ちこまれてきて鬼道に上乗せされ、八世紀の初め、『日本書紀』が撰述されるころになると、神道という言葉そのものが文献の上でも使われるようになります。ただし、封禅書の「鬼道」、ここの祭祀志でいう「神道」の「道」は、いずれも道路、通路の意味ですが、「鬼」を「神」に変えているところに上述したような宗教思想の展開の跡を看取することができます。

最後（第五）に挙げられますのは、同じく『後漢書』祭祀志の文章です。「建武二年（西暦二六）正月に初めて郊兆《こうちょう》〔上帝の祭りの庭〕を洛陽の城南七里に制《さだ》め、元始中の故事を采《と》って円壇八陛《へい》〔八箇の階段〕を為《つく》る。中は又重壇と為す。……皆紫（の色）にして以て紫宮〔神格化された北極星すなわち天皇大帝の住むところ〕に像《かたど》る（つまり地上の帝王は天上世界の帝王である天皇大帝と対応する関係にあることを示す）。四通の道〔東西南北に通じる道路〕有りて以て門を為る」となっています。「四通の道」というのは、その中間をも含めて八通というのと同じ意味、八方に通じることです。なお、ここで天皇大帝というのは、皇天上帝、太一神と同一の神格で、それらよりもおくれて西暦紀元前後から文献上に見えてくる宇宙の最高神の名称です。

以上五つの資料から、古代中国で天の祭りを行なう場合には、八角形の壇の上でなされたことが理解されます。

中国で天の祭りの対象である上帝は前漢（前二世紀―後一世紀初）の時代には太一神と呼ばれていましたが、二世紀の半ばごろに成立する道教〔三張道教〕においては天皇大帝と呼ばれ、三、四世紀のころの道教では、さらに元始天王となり、これが仏教の影響をうけて六世紀の中ごろからは元始天尊〔玉皇大帝〕にかわっていきます。天尊という言葉が最初に見えるのは漢訳仏典の中です。

日本の古代史では、天皇の前身に関して最近よく「天王」か「大王」かという議論がなされていますが、それらの議論にはいま私が申しましたような道教における「天王」の思想の系列が全く考慮されておりません。天王という言葉は中国では、三、四世紀ごろから、仏教でよりもより多く道教で問題にされています。日本古代史における天王・大王の問題を専ら仏教との関連だけで論議するのは、それにつづく「天皇」という言葉が道教と密接な関連を持つだけに不十分ではないかと私は考えます。

㈣

以上私の述べてきたことから、中国古代における祭天の儀礼では、八角形―「八觚」「円にして八觚」―の壇が設けられていたことが確認されます。それならば、なぜ中国の古代では上帝〔太一神〕の祭りに八角形の壇が設けられるのか。それは中国の古代に全宇宙空間を八角形として捉える宇宙論の哲学もしくは宗教哲学がすでに成立していたからであると考えられます。そして宇宙の最高神である上帝〔太一神・天皇大帝〕を祭る宗教儀礼にその哲学を採り入れたからであるというの

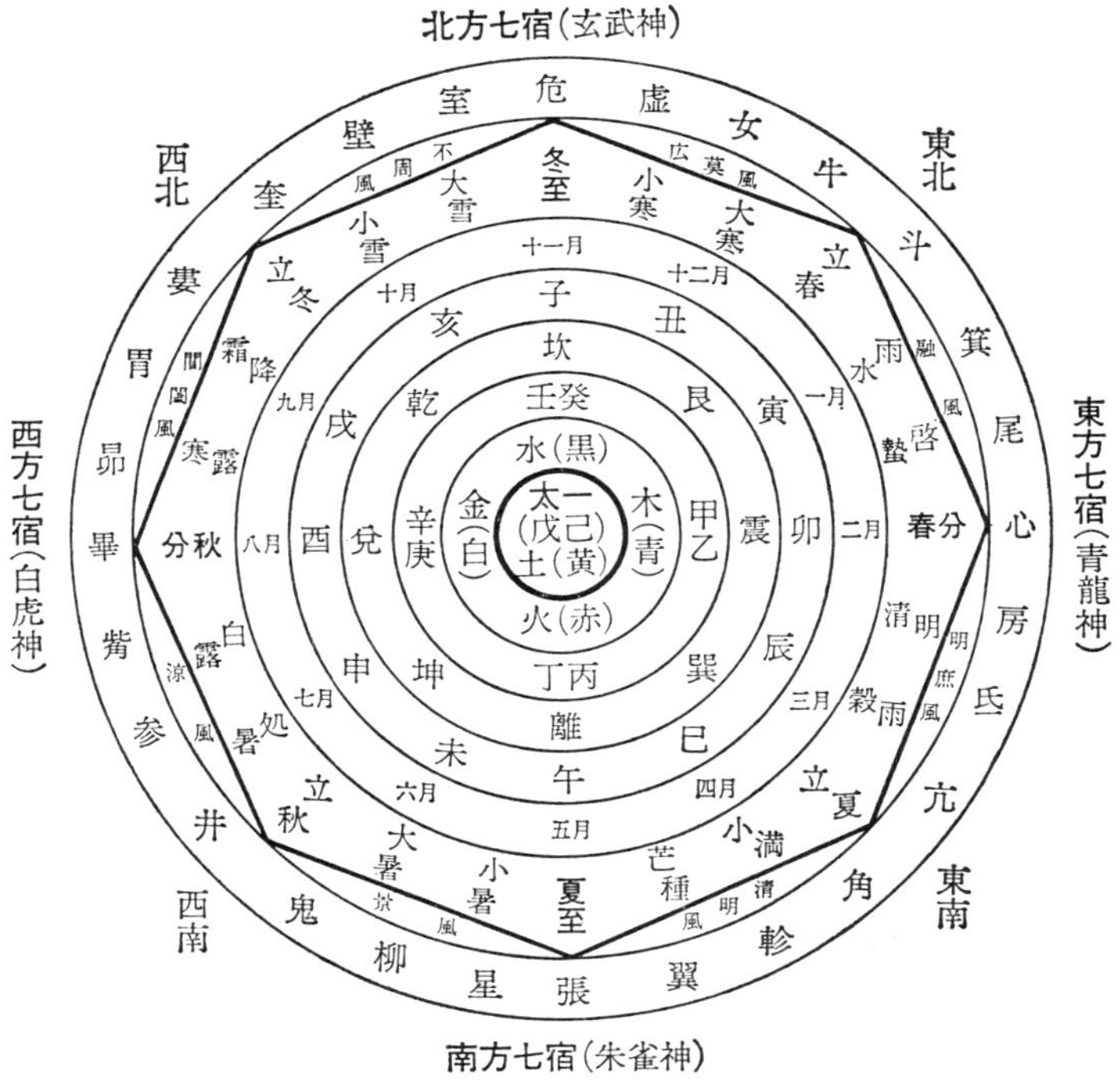
北方七宿（玄武神）
東北
東方七宿（青龍神）
東南
南方七宿（朱雀神）
西南
西方七宿（白虎神）
西北
危 虚 女 牛 斗 箕 尾 心 房 氐 亢 角 軫 翼 張 星 柳 鬼 井 参 觜 畢 昴 胃 婁 奎 壁 室
広莫風 融風 明庶風 清明風 景風 涼風 閶闔風 不周風
冬至 小寒 大寒 立春 雨水 啓蟄 春分 清明 穀雨 立夏 小満 芒種 夏至 小暑 大暑 立秋 処暑 白露 秋分 寒露 霜降 立冬 小雪 大雪
十一月 十二月 一月 二月 三月 四月 五月 六月 七月 八月 九月 十月
子 丑 寅 卯 辰 巳 午 未 申 酉 戌 亥
坎 艮 震 巽 離 坤 兌 乾
壬癸 甲乙 丁丙 辛庚
水（黒） 木（青） 火（赤） 金（白）
太一
（戊己）
土（黄）

図2：八角形の宇宙哲学

が私の考え方であります。

その八角形の宇宙論の哲学もしくは宗教哲学を分り易く図式化しますと、だいたい図2のようになります（主として『礼記』『淮南子』および漢魏晋の初期道教経典に拠る）。

右の図で一番外側にある円周は宇宙空間の全体をあらわします。全宇宙空間を円周であらわすのは、中国古代の哲学者荘周《そうしゅう》（西暦前四世紀、ギリシャのアリストテレスとほぼ同時代）の「道」の哲学に基づきます。すなわち『荘子』斉物論篇に彼の説く「道」の真理を円環にたとえて、円環の中心すなわち「道枢」に身をおく超越者が至人―最高の哲人―である。「枢にして始めて其の環中を得て以て無窮に応ずる」といっているのがそれであります。また同じく『荘子』のなか（応帝王篇）には「至人の心は鏡のごとし」などともあり、「道」そのもの、もしくは「道」の体得者をしばしば鏡にたとえております。後の中国の道教で鏡を宇宙の最高神のシンボルとし、もしくはご神体とする思想の源流も私は荘子の「道」の哲学に見出すことができると考えるものであります。

図は同心円を八つ重ねる形で描かれておりますが、八つの同心円で八角形の宗教哲学と密接な関係をもつのは内側から四番目の円周の「八卦」と七番目の円周の「八節」（二十四節気）と同じく七番目の円周の「八風」と八番目の円周の外に記入された「八方」です。この「八卦」「八節」「八風」「八方」には、太一（太一神）を一番目の円周の中心において、木火土金水の「五行」（内側から二番目の円周）、甲乙丙丁戊己庚辛壬癸の「十干」（同じく三番目の円周）、子丑寅卯辰巳午未申酉戌亥の「十二支」（同じく五番目の円周）などが組み合わされ配当されていますが、これらの組み合わせ、もしくは配当は、古代中国人が自然界や人間界の現象・事象を説明し理論づけていくための基本的な枠組をなすものです。もちろんこのなかには国家の政治哲学や社会構成の理論、個人の人生哲学なども包含されていますが、それらの哲学理論の図式化された外縁（七番目の円周に内接）は八稜鏡のように八角形をなしております。そして、その八角形の基軸をなしているのは、「八方」と「八節」と「八風」および「八卦」なのです。

　このうち「八方」というのは、東西南北の四方に東南、東北、西南、西北の四方を加えたものであり、上に述べました太一神の祭壇の「八觚」もしくは「八通の鬼道（神道）」とそのまま対応します。つぎに「八節」というのは、もともと中国古代の暦学の基本概念で、立春、立夏、立秋、立冬のいわゆる「四立」と春分、秋分の「二分」、それに夏至と冬至の「二至」を加えたものをいい、『礼記』月令篇などに具体的な記述があるように宮廷や民間の年中行事の節目《ふしめ》となるものです。「八方」が宇宙の空間的な捉え方を示すとすれば、この「八節」は時間的な捉え方を示すともいえます。のちの西暦二世紀以後に成立する中国の民族宗教「道教」においても、その宗教的な行事や儀礼儀式の日時など、すべてこの八節を基準とし、「八節祭」もしくは「八節斎」は道教の宗教的な行事のなかでも最も重要な地位を占めております。つぎに「八風」というのは、図に示してありますように、八節の一つである冬至から吹き初めるという広莫風《こうばくふう》、同じく立春から吹き初めるという融風、春分から吹き初めるという明庶風《めいしょふう》、立夏から吹き初めるという清明風、夏至から吹き初めるという景風、立秋から吹き初めるという涼風、秋分から吹き初めるという閶闔風《しょうこうふう》、立冬から吹き初めるという不周風《ふしゅうふう》の八種で、季節とともに吹く方角を変え、風向きの変化によって自然界の現象に変化が生じ、人間の生理現象、身体の調子、生活の仕方なども、それによって左右されると説かれます。その意味でこの「八風」は、宇宙における万物の生成変化の起動力となり、八角形の哲学の動的な主軸をなすものともいえます。したがってまたこの八風は古代中国の医学理論においても中核的な地位を占め、その代表的な医学理論書である『黄帝内経素問』のなかにも、「八正―八節の正気―とは八風の虚邪を候《うかが》いて、時を以て（太一の中宮に）至る所以のものなり。……時を以て之を調《ととの》え、八正の虚邪を候いて、之を避け犯すことなし」（八正神明篇）などと記されています。

この『黄帝内経素問』の原型をなすものは、『史記』扁鵲倉公《へんじゃくそうこう》列伝に載せる斉《せい》国（山東省）出身の淳于意《じゅんうい》〔倉公〕が師の公乗陽慶《こうじょうようけい》から授かったという『脈書上下経』であろうといわれています。公乗陽慶も古くから神秘的な宗教思想の特に発達している山東地方の出身で陰陽五行理論にも造詣が深く、この人から授かったという医学書『脈書上下経』に基づいて弟子の淳于意が行なっている臨床医学の診断例二十五条ほどが、同じく『史記』のなかに具体的に記載されております。それによりますと、西暦前二世紀、前漢の初期における彼らの医学医療もその理論的な基礎は「陰陽五行」であり「八風」であったことが推定されます。

最後に挙げました「八卦」とはいうまでもなく、これらの「八方」「八節」「八風」を基軸として生起する自然界と人間界の千変万化の様相を『易経』―変化と不変の真理についての経典―として法則化し体系づけるための八種の記号化された原理をいいます。この「八卦」すなわち坎《かん》（北・冬至）、艮《こん》（東北・立春）、震《しん》（東・春分）、巽《そん》（東南・立夏）、離《り》（南・夏至）、坤《こん》（西南・立秋）、兌《だ》（西・秋分）、乾《けん》（西北・立冬）という八種の記号化された原理は、唐代における道教の天師〔教団の最高指導者〕司馬承禎《しばしょうてい》が、道教の最高神である元始天尊の権威の象徴として自ら鋳造した「含

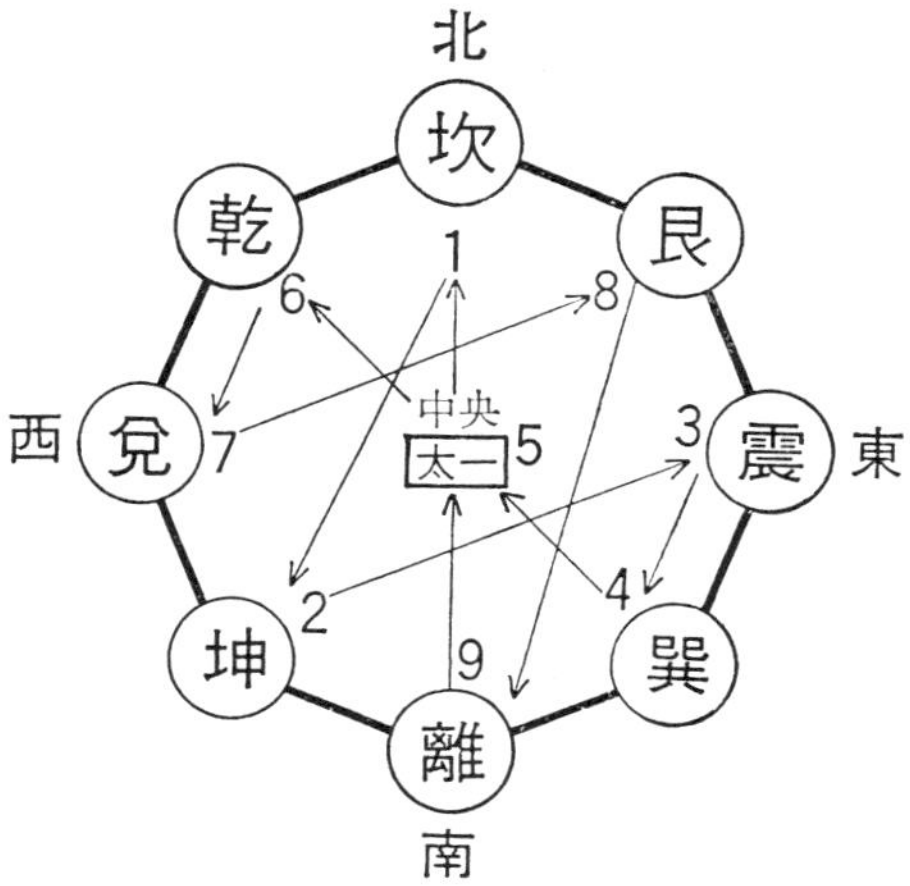

図3：太一九宮図

象鑑」—森羅万象を包含する神聖なる鏡。「鑑」は鏡と同義—においても、日月の図の内側に正方形に刻みこまれております（詳細は拙稿「道教における鏡と剣」—『東方学報』京都第四十五冊を参照）。

　八卦は上にも述べましたように、自然界と人間界の千変万化する様相を原理的に法則化し、哲学的に体系化する機能をもちますが、この八卦を「円にして八觚〔八角〕」の形にならべ、円の中央に太一を置いて、その太一が八卦のそれぞれを巡行する循環的な運動によって宇宙万物が生成変化するという理論を図式化したものが、いわゆる太一九宮図とよばれるものです。この太一九宮の理論は、『易経』の自然哲学を神秘的・宗教的に解釈しなおした『易緯』とよばれる古代文献に初めて見えておるものです。文献の成立は西暦紀元前後、前漢の末期ごろに推定されております。それを図式化したものが太一九宮図でありますが、八卦を太一を中心として図3のように配置します。

　この場合、太一と八卦のそれぞれに1から9までの数が図のように配当され、「四正」すなわち東西と南北（震兌と坎離）、「四維」すなわち東北と西南（艮と坤）、東南と西北（巽と乾）のそれぞれの和に太一の5を加えた数値が15になるように配置します。例えば四正のうち東西であれば、(震の)3+(兌の)7+(太一の)5=15、四維のうち東北と西南であれば、(艮の)8+(坤の)2+(太一の)5=15、といったようにです。15という数は一年三百六十五日の整数三百六十を二十四節気―八節のそれぞれをさらに三分したもの。例えば図2にありますように立春を立春と雨水と驚蟄に、春分を春分と清明と穀雨に三分―で割った数です。かくて太一が図3で矢印の示しているように坎↓坤↓震↓巽↓太一↓乾↓兌↓艮↓離↓太一と巡行し、万物の生成変化が現象する。そのことを『易緯』の一種である『乾鑿度《けんさくと》』という書物には、「太一、其の数を取りて以て九宮をめぐる。四正と四維と皆な十五に合す」と説明しています。つまり、この太一九宮図の外縁の形は、先に述べました漢代の太一神〔皇天上帝〕を祭る八觚〔八角〕の壇と全く相似の形をなし、宇宙の最高神を祭る地上の帝王の宗教儀礼を支える哲学が『易緯』の説く太一九宮の理論と共通の基盤上に立っているということが確認されます。

(五)

日本の古代で中国の帝王が行なったと同じような宇宙の最高神(太一神・昊天上帝・皇天上帝)の祭りを行なっている天子は、桓武天皇です。そのときの祭文が『続日本紀』延暦六年(七八七)の条に載せられており、そこでは明確に「敢《あえ》て昭《あき》らかに昊天上帝に告ぐ」となっております。また『延喜式』に載せられていて、その奏上が『養老令』神祇令の成立時期ないし文武天皇の大宝二年(七〇二)にまで溯りうるとされる「東西の文部《ふみべ》の祝詞」に、「謹みて皇天上帝、三極大君(三極は天と地と人をいい、『易経』に見える言葉)、日月星辰、八方の諸神、司命と司籍、左は東王父、右は西王母、五方の五帝、四時の気を請い……帝祚を延ばさんことを請う」とある「皇天上帝ないし八方の諸神云々」も、中国の漢代に行なわれた宇宙の最高神の祭りをそのままモデルとしたものであり、とりわけ「八方の諸神」が、『史記』や『漢書』にいわゆる「八通の鬼道(神道)」ないし「八觚(八角)の祭壇」を強く意識した言語表現であることは疑問の余地がありません。

そして中国古代の宗教思想では、天上の神々の世界と冥界の死者の世界とは常に相似の形で考えられており、天上の神々を八角形の壇上で祭る地上の帝王たちはまた、死後も八角形の宗教哲学に基盤を支えられた墳墓もしくは墓室のなかで永遠の憩いを静かに楽しむと説かれています。たとえ墳墓もしくは墓室の形を厳密に八角形としなくても、墓室の天井に日月星辰の図を描き、四壁に青龍、白虎、朱雀、玄武の四神獣の図もしくは彫刻をしつらえ、柩をその中央に安置して、死者の祭りを八節の日に行なっていけば、その死と墓域は八角形の宗教哲学に根底基盤を支えられていると見ることができるわけです。といいますのは、日月星辰とくに二十八宿の星座は、八方にひろがる宇宙空間の図式化された円周の外縁をふちどり(図2を参照。また中国古代の銅鏡にはその円い縁の内側に二十八宿の名称を刻んだものさえあります)、それらは「八風」「八卦」とも機能的に密接な関連をもち、一方また四神獣は四方を鎮守することによって八方の鎮守をも兼ね、さらに星の世界の二十八宿とも結びつけられて、青龍神に「箕」「尾」以下の東方七宿が、朱雀神に「軫」「翼」以下の南方七宿が、また白虎神に「奎」「婁」以下の西方七宿が、玄武神に「斗」「牛」以下の北方七宿がそれぞれに配当されてもいるからです。

中国古代の帝王たちにならって昊天上帝の祭りを親しく執り行なわせられ、あるいは「八方の諸神」を招いて帝祚の延長を請う祝詞を皇天上帝に奏上させている日本古代の天皇が、その墳墓を八角の形に築き、さらには墓室の四壁に四神獣を描き、天井に日月星辰の図を描いたとしても、そのいとなみが特に道教の宗教哲学に積極的な関心を示し、その諡号にさえ道教の「真人」の名称が用いられている天武天皇の時代―七世紀後半から八世紀初めにかけての時期であるとすれば、なおさら不思議ではないでありましょう。そしてまた中国の道教における鏡の宗教哲学もさながらに、「この鏡は専ら我が御魂《みたま》として、吾が前を拝《いつ》くが如くいつき奉れ」と皇祖が勅し、その鏡をまた三種の神器の第一として天皇の神聖性の具体的な象徴としてきたわが日本国の皇室が、中国古代における八角形の宗教哲学にそのまま従い基づいて、その祖廟ともいうべき伊勢神宮のご神体を鏡として定め、さらにその鏡を八稜＝八角の形とすることも十分に有りうることであります。

古代のわが国に較べて文明・文化の度合が格段に高かった同じ時期の中国から、日本国は律令制のような政治制度だけを採り入れて、中国では〝天人の合一〟として一体化されている宗教思想―道教―のほうは全く採り入れられなかったという従来の学説は、私は検討し直される必要があると考えます。日本の古代史、とくに古代宗教思想史のなかで中国古代の宗教思想―道教の神学―が果してきている役割ないしは与えている影響を学問的に検討し直すことによって、古代日本文化の隠された真相、歴史事実が鮮明となり浮き彫りにされてくるのではないかと私は期待するものであります。本日の「八角古墳と八稜鏡」と題する私の話も、その期待を現実のものとするための一つの未熟な試みにほかなりません。

聖徳太子の冠位十二階

―徳と仁・礼・信・義・智の序列について―

現在わが国で行なわれている位階制度―正一位、従一位、正六位、従六位など―の源流をなす聖徳太子の冠位十二階が制定されたのは、いまを溯ること約一四〇〇年の昔、推古女帝の即位十一年目、西暦六〇三年十二月のことであった。(1)

奈良時代の初め、元正女帝の養老四年(七二〇)に成った『日本書紀』の同年の記述によると、「十二月戊辰朔、壬申(の日)に始めて冠位を行なう。大徳、小徳。大仁、小仁。大礼、小礼。大信、小信。大義、小義。大智、小智。併せて十二階なり」とあり、(2)この冠位十二階は、「並びに当色の絁《きぬ》を以て之を縫う」とある。「当色」というのは、江戸時代の学者、河村秀根の『書紀集解』などにも考証しているように、大小の徳に紫色、大小の仁に青色、大小の礼に赤色、大小の信に黄色、大小の義に白色、大小の智に黒色をそれぞれ配当することをいうが、この十二階に関して、これまでの研究で必ずしも明確にされていないと思われることは、十二階の基幹をなす徳、仁、礼、信、義、智の六階の等級序列が何に基づくのかという問題である。この問題はまた徳ないし智の六階のそれぞれをさらに大小に分って十二階とする考え方が何に基づくのか、(3)さらにはまた六階のそれぞれに対する紫、青、赤、黄、白、黒の六色の配当が何に基づくのか(4)という問題とも密接に関連する。以下、これらの問題について中国の思想史研究にたずさわっている者の立場から若干の考察を加えてみることにしたい。

冠位十二階の基幹をなす徳、仁、礼、信、義、智の六階のうち、徳を除く仁礼信義智の五階の序列は、上述の『書紀集解』にも指摘があるように、西暦後一世紀の初め、後漢の班固によって撰述された『漢書』天文志の記述に基づく。つまり天文志に天の「五星」すなわち歳星、熒惑星、塡〔鎮〕星、太白星、辰星を五行の木火土金水に配当して、人の「五常」すなわち仁義礼智信との関係を述べ、「歳星には東方、春、木と曰う。人に於ては五常の仁なり」、「熒惑には南方、夏、火と曰う。(五常の)礼なり」、「塡〔鎮〕星には中央、季夏、土と曰う。(五常の)信なり」、「太白には西方、秋、金と曰う。(五常の)義なり」、「辰星には北方、冬、水と曰う。(五常の)知なり」といい、五行相生の理論に従って木火土金水の序列に五常の仁礼信義知〔智〕を配当しているのがそれである。

冠位十二階のうち、「仁礼信義智」の五階が『漢書』天文志の記述に基づくこと上述のごとくであるが、ただしかし『漢書』天文志においては、この五階の上に「徳」を加えて「徳仁礼信義智」の六階とする明確な記述はまだ見えていない。それならば「徳」を加えて六階とする構想は、そもそも何に基づくのであろうか。『書紀集解』に引く『太子伝』(『聖徳太子伝暦』―『続群書類聚』巻一八九所収)には、その理由を説明して「徳は五行を摂するが故に頭首に置く」とあるが、『太子伝』

のこの解釈が中国古代の思想文献の何に基づくのか、その典拠は同様に明確でない。ちなみに『漢書』董仲舒伝に載せる仲舒の漢の武帝に答えた「対策」（第一）には、「夫《そ》れ仁義礼知〔智〕信の五常の道は、王者の当《まさ》に脩《おさ》め飭《ととの》うべき所なり。五者、脩め飭うれば、……徳は方外に施され、延《ひ》いて群生に及ぶなり」とあり、いちおう「五常」と「徳」との結合が指摘されるが、しかし「徳」を「五常の道」の上位におく六階の明確な等級づけは、まだなされておらず、それに仁義礼知〔智〕信という五階の序列もまた冠位十二階の仁礼信義智のそれとは異なっている。

中国の古代思想文献で、「五常」を仁礼信義智の五階の序列とし、しかも明確に「徳」を五階の最上位におく「徳仁礼信義智」の六階の序列構成が文章表現として古く確認されるのは、六朝時代、西暦五世紀の頃の成立と推定される道教の経典『太霄琅書《たいしょうろうしょ》』（現行の『正統道蔵』正一部に十巻本として収載）である。この道教経典の記述は、『漢書』董仲舒伝の「五常の道」〔仁義礼智信〕や同じく天文志の「仁礼信義智」を根底にふまえつつ、『論語』泰伯篇の「至徳」もしくは『老子』徳経（第三十八章）の「上徳」、『荘子』天地篇の「至徳」などをその最上位に加えて「徳仁礼信義智」の六階の序列としたもので、この時期に成立した道教経典の多くがそうであるように、老荘道家の哲学と儒教思想とを折衷し、道教の信奉者の「修善」の心得を説いている文章表現のなかの一節である。

「道を学ぶ者は至徳を期す。是《ここ》を以て善を修むる者は、先ず仁義礼知〔智〕と信とを行なう。逓互《かたみ》に相《あい》成して、始めより終りに至るまで相生（の五行理論）をもって次〔序列〕と為す。仁と木とは火（と礼）を生じ、火は土と信を生じ、信は義と金を生じ、金は智と水を生じ、水は通徳

〔五者に共通する徳〕を生ず。長生不死にして常住湛然、能く無にして能く有《ゆう》、最も貴く最も尊し。この五徳備わる者を名づけて至徳と曰う」(『太霄琅書』巻九)。

右の『太霄琅書』が記述する「徳仁礼信義智」の六階の序列ないしその理由づけは、上述した『太子伝』(『聖徳太子伝暦』)の「徳は五行を摂するが故に頭首に置く」とも原理的に一致するが、後の十一世紀、北宋時代の儒学者である邢昺《けいへい》の『論語』為政篇「政を為すに徳を以てす」の注釈、「陰陽を分ち、四時を建て、五行を均しくするは……皆な斗〔徳〕に繫《かか》る」ともほぼ一致する(『論語注疏』。「斗」=北辰を為政者の徳に譬える)。邢昺のこのような「徳」についての解釈は、同じ為政篇のなかでまた「淳徳散せず、無為にして化清ければ、則ち政は善なり」とも述べているように、彼の生きた北宋初期の道教尊崇の時代思潮の影響を顕著に受けており、したがって『太霄琅書』などの道教経典における「徳」の教理学説を忠実に継承し導入している可能性が十分に考えられる。儒教の経典解釈学をも含めて、「徳」を五常〔仁礼信義智〕の上位に置く六階の序列構想は、その成立起源を古く六朝時代の道教経典『太霄琅書』のたぐいの道教教理書のなかに持つと断定して大過ないであろう。

上述の聖徳太子の冠位十二階の基幹をなす「徳仁礼信義智」の六階の序列が『太霄琅書』などの道教経典にその典拠を持つであろうことは、この六階の最上位を占める「徳」に対して紫色が配当されていることからもまた傍証される。紫色は『太霄琅書』のなかにも天上の神仙世界を意味して「紫天」、「紫清」、「紫晨」などの語が見え、また神仙世界の首都、宮廷を意味して「紫鳳玉京」、「紫廷」などの語が、さらに神仙世界に住民登録されることを意味して「紫字上清」—「上清に紫字あり」―などの語が見えている。このほか六朝時代に成立した道教経典、例えば『霊書紫文』、『飛行羽経』などにも神仙世界の帝王を意味して「紫皇」の語が、またその皇城皇居を意味して「紫微」、「紫闕」などの語が多く見えている。このように紫色は道教の教理学において最も尊貴な色とされており、儒教の古典のなかで、例えば『論語』陽貨篇に「紫の朱を奪うを悪む」というように、紫色が間色であり、異端卑賤の色とされているのと大きく趣を異にする。六階のなかの仁礼信義智の五階には儒教で正色とされる五色すなわち青赤黄白黒がそれぞれ配当されているのに対し、その最上位に位置する「徳」の一階に対して、このような紫色が配当されているということは、この「徳」が儒教的な徳としてよりもむしろ道教的なそれとして理解されていることを示し、六階の等級序列が全体として道教的な価値体系を中核に据えていることを強く示唆する。

また「徳仁礼信義智」のそれぞれを大小に分って十二階としている「大小」の区分法は、たとえば『論語』子張篇に「大徳は閑《のり》を踰《こ》えず、小徳は出入して可なり」、もしくは『墨子』大取篇に「小仁と大仁とは行ないの厚さ〔兼ね愛する行為の誠実さ〕の相《あい》若《し》く」、『荘子』逍遥遊篇に「小知は大知に及ばず」〔「知」は「智」と同じ〕などとあり、儒教の古典を始めとする中国古代の諸子の文献に見える大小の区分法を参照したものと推定されるが、冠位十二階の等級序列が徳を最上位において、仁礼信義智をその下位に配当する全体的な構成は、やはり道教的な色調を強く持つと見てよいであろう（『老子』徳経第三十八章に「徳を失ないて而る後に仁、仁を失ないて而る後に義、義を失ないて而る後に礼……」とあるのを参照）。

ところで聖徳太子の冠位十二階の制定が中国六朝時代における『太霄琅書』などの道教経典にそ

の構想の典拠を持つとするとき、古代日本国の摂政であったわが聖徳太子が、そのような中国の道教経典に目を通し、その教理に知識教養を持つことの可能性もしくは現実性は、どのように考えられ肯定されたらよいのであろうか。この問題を考える上に有力な手がかりを与えてくれるのは、太子の冠位十二階の制定に後れること十年、『日本書紀』の推古天皇二十一年（六一三）十二月の条に載せる次の記述である。

「十二月庚午朔、皇太子〔聖徳太子〕は片岡に遊行《いでま》せり。時に飢えたる者、道の垂《ほと》りに臥せたり。皇太子これを見て飲食を与えたまう。即ち衣裳を脱いで飢えたる者に覆《おお》いて言わく、安く臥せれよ、と。」

「辛未（の日）、皇太子は使を遣わして飢えたる者を見せしむ。使者、還り来りて曰く、飢えたる者すでに死せりと。……数日の後、皇太子は近習者を召して之に謂いて曰く、先の日に道に臥せりし飢えたる者は、其れ凡人《ただびと》に非ず、必ず真人と為すなり、と。使を遣わして視しむ。是《ここ》に於て使者還り来りて曰く、墓所に到りて之を視れば……屍骸《かばね》すでに空《むな》しくなりたり。唯だ衣服のみ畳みて棺の上に置けり、と。是に於て皇太子は復《ま》た使者を返して其の衣を取らしめ、常の如く且《しばら》く服《き》たまう。時の人、大いに異《あや》しみて曰く、聖《ひじり》の聖を知ること其れ実《まこと》なる哉と」。

右の記述によれば、この時の聖徳太子は、道教の「真人」―不老不死の道術の実践者―を凡人と識別する能力をもち、道教における「尸解《しかい》」の仙術―唯だ衣服のみを棺上に残して屍骸はすでに空しくなっている仙去の仕方―の理解者とされている（後の平安時代に書かれた大江匡房《まさふさ》（一〇四一―一一一一）の『本朝神仙伝』によれば、聖徳太子〔上宮太子〕は、神仙術の理解者であるというよりも神仙術の体得者すなわち「真人」そのものとされており、「甲斐の黒駒に乗りて、白日に昇天した」と記されている)。

道教における「真人」や「尸解」の仙術については、中国六朝時代に成立した道教経典のたぐいに多くその記事が見え、『太霄琅書』のなかにも勿論そのことに関する言及が各所になされている。もし『日本書紀』の記述が事実として信用されるのであれば、聖徳太子は確実に『太霄琅書』のたぐいの道教経典に目を通し、道教の教理学に対しても、かなり程度の高い知識教養を身につけていたということになるであろう。

同じく『日本書紀』の推古十年（六〇二年。冠位十二階制定の前年）十二月の条にも、百済僧の観勒《かんろく》が来朝して、「暦本および天文地理書、幷《ならび》に遁甲方術の書を貢した」とあり、「遁甲方術の書」とは、いうまでもなく道教の一切経である『道蔵』の洞神部方法類などに収載されている『遁甲真経』、『遁甲縁身経』などのたぐいの道教経典を指す。また「暦本および天文地理書」というのも、六朝時代における道教教理学の基幹をなす天文占星術、洞天福地の学説―道教の神仙の所在地と神仙術修行の聖地とを具体的に解説した一種の宗教地理学。星宿と大地との関係を論ずる分野説もこの中に採り入れられている―と密接な関連をもち、広い意味では道教の基礎的な教理書とも見なしうる諸文献である。

『日本書紀』の記述を撰者の意図的な加筆もしくは恣意的な捏造としないかぎり、わが聖徳太子がこれら一連の道教文献に目を通していた可能性は十分に考えられ、したがってまた「徳仁礼信義智の六階」を説く『太霄琅書』などの代表的な道教経典の教理学にいちおうの知識理解を持っていたことの現実性も十分に肯定されてよいであろう。〔なお『伊予国風土記』(『釈日本紀』所引)に聖徳太子が立てたと記す法興六年(五九六)十月の日付を持つ「湯の岡の碑文」に「神の井に沐《ゆあ》みて痾《やまい》を瘳《いや》すは、詎《なん》ぞ花池に浴して弱きを化するに舛《ことな》らん」とある「花池」も、道教の経典『黄庭外景経』に「華〔花〕池に沐浴して霊根に灌《そそ》ぎ……命門を開く」とあるのに基づく〕。

（1） わが国におけるこの冠位十二階の制定は、中国の正史である『隋書』(東夷伝「倭国」の条)にもその記載が見えており、隋の文帝の開皇二〇年(六〇〇)から同じく煬帝の大業三年(六〇七)の間に置かれている。

（2） ただし『隋書』では、「隋に至りて其の王(倭国王)始めて冠を制す」と記し、冠位十二階の内容を「大徳、小徳。大仁、小仁。大義、小義。大礼、小礼。大智、小智。大信、小信」の「内官十二等」とし、『日本書紀』に載せる「仁礼信義智」の等級序列とは異なっている。これは恐らく日本から中国に往った者が誤り伝えたか、もしくは中国側の記録者が当時の中国で一般的に通用していた五常の序列「仁義礼智信」に意識的もしくは無意識的に改めたものであろう。『日本書紀』の記述が正しいことは、いうまでもない。

（3） 『隋書』東夷伝「高麗」の条には、「官に⑴太大兄、⑵大兄、⑶小兄、⑷対盧、⑸意侯奢、⑹烏拙、⑺太大使者、⑻大使者、⑼小使者、⑽褥奢、⑾翳属、⑿仙人、凡そ十二等有り」と記し、「十二等」の数と十二等のなかの一部を「大小」に分けている点は、聖徳太子の冠位十二階と共通するが、その具体的な内容は全く異なっている。ちなみに同じく『隋書』東夷伝「百済」の条では「官に十六品有り」と記して、⑴左平、⑵大率、⑶恩率、⑷徳率、⑸杆率、⑹奈率、⑺将徳、⑻施徳、⑼固徳、⑽李徳、⑾対徳、⑿文督、⒀武督、⒁佐軍、⒂振武、⒃剋虞、を挙げ、また同じく「新羅」の条では「其の官に十七等有り」と記して、⑴伊罰干、⑵伊尺干、⑶迎干、⑷破弥干、⑸大阿尺干、⑹阿尺干、⑺乙吉干、⑻沙咄干、⑼及伏干、⑽大奈摩干、⑾奈摩、⑿大舎、⒀小舎、⒁吉士〔士〕、⒂大烏、⒃小烏、⒄造位、を挙げている。聖徳太子の冠位十二階との関連でいえば、百済の「官十六品」に「徳」を官名のなかに加えたものが多く、新羅の「官十七等」に官名を大小に分けたものが幾つか見られる点が注目される。

（4）官名に色を配当することは、前注に挙げた百済の「官十六品」のうち、⑺将徳が紫帯、⑻施徳が皂〔黒〕帯、⑼固徳が赤帯、⑽李徳が青帯、⑾対徳以下が黄帯、白帯をそれぞれ服することが『隋書』に記されており、聖徳太子の冠位十二階に配当されている六色が、紫→青→赤→黄→白→黒となっているのに対し、百済のそれは、紫→黒(皂)→赤→青→黄→白となっていて、その等級序列を異にしている。わが聖徳太子の制定した冠位十二階およびその「当色の絁」が高麗、百済など当時の先進諸国の官位もしくは当色の制度を十分に配慮し参照していることは否定すべくもないが、その制定にあたっては、隋の煬帝をも不快にさせた「日出ずる処の天子」の自覚と自負とが強く働いており、本場の中国の学術思想文化に直接的な拠り所を求めて、高麗や百済などのそれとは異なる官位の等級、色の配当を独自に制度化しようとする意図が顕著にうかがわれる。

山上憶良と病気

―日本古代の道教医学―

『万葉集』巻五に載せる山上憶良の「沈痾《ちんあ》自哀の文」が書かれたのは、その序文にもあるように天平五年（七三三）の春三月、彼の七十四歳のときであった。「沈痾」というのは永わずらいの重病という意味であるが、彼の永わずらいは、この文章の自注によると、十余年の久しきにわたる重病であり、その症状は「四肢が動かず、百節みな疼《いた》み、身体ははなはだ重く、杖にすがって歩こうとしても足跛《あしな》えの驢馬《ろば》のように困難であった」という。

この病気の原因を憶良がどのようなものと考え、その治療法をどこに求めていたかについては、わが国の奈良朝期の医学医療の問題を考える上に興味深いものがある。病気の原因について憶良はまず次のように述べている。

「ああ、媿《はず》かしきかも、我れ何の罪を犯してか此の重き疾《やまい》に遭《あ》える」――つまり病気の原因は呪術宗教的な罪過を犯したことにあるのではないかという反省である。

かくて憶良は、「禍の伏《ふ》す所、祟《たた》りの隠るる所を知らむと欲《おも》い、亀卜《きぼく》の門と巫祝《ふしゅく》の室とを往きて問わずということ無し。……其の教うる所に随い、幣帛《へいはく》を奉り、祈禱せずということ無し」という加持祈禱の呪術宗教的な治療法に奔走するのであるが、その結果は「いよいよ苦を増すこと有り、曽《かつ》て減差《いゆ》ること無し」という徒労に終わる。

そこで次に彼が求めた治療法は、扁鵲《へんじゃく》・華他《かた》〔佗〕ないしは葛洪《かっこう》・陶弘景《とうこうけい》・張仲景らの中国の「良き医《くすし》」たち、すなわち漢法医学の巨匠たちのそれであった。そして「人の疾病に遇えるは、必ずしも妖鬼ならず」と自覚し、「病は口より入る、故に君子は其の飲食を節す」という「養生」の教訓を得て、「乃ち知りぬ、我が病は蓋《けだ》しこれ飲食の招く所にして、みずから治むること能わぬものか」というほろにがい諦念に到達する。つまり、おのれの不治の病は不摂生・不養生の必然的な結末であって、どのようにすぐれた医学医療法もすべて手おくれなのだと思い知るのである。

かくて最後に彼は「維摩《ゆいま》大士も玉体を方丈に疾《や》ましめ、釈迦能仁《のうに》も金容を雙樹に掩《おお》いたまえり……故に知りぬ、生まるれば必ず死あることを。死をもし欲《ねが》わぬときには生まれぬに如《し》かず」など と、一応悟ったようなことをいうのであるが、しかし、その悟りも大悟徹底とまではゆかず、「さばえなす騒ぐ児ども」を前にしては、「心は燃えぬ、かにかくに思いわずらい哭《ね》のみし泣かゆ」と歌う、人間味あふれる悲哀の情感のなかに崩れ落ちてしまう。

ところで、私が憶良の「沈痾自哀の文」を読んで興味深く思うのは、彼が仏教に対して誠実な信仰と帰依の感情とを持ちながら、仏教的な医学医療法、たとえば『金光明最勝王経』除病品に説くそれなどには全く論及せず、中国医学すなわち道教的な医学医療法をもっぱら解説していることである。そして憶良のこのような道教的な医学医療法に対する関心は、さらに古く溯れば、彼の「沈痾自哀文」執筆の約二十年前、元明天皇の和銅五年（七一二）に成った『古事記』神代の巻に、たとえば大国主の神が和邇《わに》（鰐）に皮を剝がれた稲羽〔因幡〕の素兎《しろうさぎ》の痛み苦しむのを見て、「今急《すみや》かに此の水門《みなと》に往き、水を以《も》ちて汝《な》が身を洗いて、即ち其の水門の蒲黄《がまのはな》を取りて敷き散らして、其の上に輾転《まろ》べば、汝が身、本《もと》の膚《はだ》の如《ごと》、必ず差《い》えむ」と教えているような、神話時代の日本の医学薬学の知識ないしは治療法を継承するものと見てよいであろう。「蒲黄」が止血や傷損《すりきず》の治療にすぐれた効能をもつことは、中国の道教的な薬学書、たとえば梁の陶弘景の注解する『神農本草経』（巻上）、ないし唐の孫思邈《そんしはく》の『備急千金要方』（巻七十七）などに記述が見えている。

神話時代をも含めて古代日本の医学薬学は、大陸の道教医学の受容とともに始まり、この道教医学を主軸として展開しているといっても過言ではない。そしてまた、この事実は、日本の古代における医学医療、薬学、さらに学術・思想・文化一般の問題を考える上にも、かなり重要な意味をもつのではなかろうか。医学医療、薬学の問題は、ある国、ある時期の学術思想文化の実態を最も生《なま》生《なま》しく如実に示すバロメーターであると思われるからである。

平安時代の道教学

平安時代の前半期、宇多天皇の寛平年間（八八九―八九八）に藤原佐世が天皇の勅を奉じて撰したという『日本国見在書目録』によると、この時代には既に多くの道教経典ないしは道教的な典籍が中国大陸から続々と日本国に伝来されていたことが確認される。

すなわち同書の「道家」の条に著録されている『老子化胡経』十巻、『太上老君玄元皇帝聖化〔記〕経』十巻、『本際経』一巻、『太上霊宝経』一巻、『消魔宝真安志経』一巻などがそれであり、同じく「五行家」の条に著録されている『三甲神符経』一巻、『三五禁法』十巻、『九宮式経』一巻、『太一経』二巻、『黄帝注金匱経』十巻、『黄帝龍首経』二巻、『玄女経』一巻、『龍虎上経』一巻、『青烏子』十三巻、『印書禹歩』一巻などがそれである。

また、「医方家」の条に著録する『黄帝素問』十六巻、『黄帝八十一難経』九巻、『太清神丹経上篇』一巻、『太清金腋〔液〕丹経』一巻、『神仙服薬食方経』一巻、『五岳仙薬方』一巻、『神仙服薬経』一巻、『葛氏肘後方』十巻、『千金方』三十一巻、『調気道引法』一巻、『延年秘録方』四

巻、『養性方』一巻、『神農本草(経)』七巻、『神仙芝草図』一巻、『八素(真経)』八巻、『老子道精経』一巻、『素女経』一巻、『軒轅皇〔黄〕帝録集』十二巻、『三五神禁治病図』一巻なども、これらの書のほとんどが、道教の伝統的な教理学〔神学〕と密接な関連をもち、したがってまた西暦十五世紀、明《みん》代の正統年間に刊行された道教の一切経、いわゆる『正統道蔵』の中にも収載されている事実を考慮すれば、道教経典もしくは道教的な典籍と見なすことが十分に可能であり、さらにまた同じく「兵家」の条に著録する『孫子兵法』二巻、『黄帝陰符(経)』一巻、『起居注家」の条に著録する『穆天子伝』六巻、「雑伝家」の条に著録する『漢武(帝)内伝』二巻、『列仙伝』三巻、『神仙伝』二十巻、『捜神記』三十巻、「土地家」の条に著録する『山海経』二十一巻、『十洲記』十巻、『遊名山志』一巻なども同様の理由によって道教的な典籍と見なすことが可能である(『日本国見在書目録』が「道家」の条に著録する『老子』、『荘子』、『列子』〔また別に『沖虚真経』〕、『文子』、『抱朴子』、『広成子』『鶡冠子』、また「雑家」の条に著録する『淮南子』、「縦横家」の条に著録する『鬼谷子』などが、道教の教理学もしくは宗教哲学の基底的な理論書として、ここでいわゆる「道教経典」のカテゴリーの中に包含されることは言うまでもない)。

ところで、これらの道教経典ないしは道教的な典籍は、単に当時の宮廷もしくは貴族の書庫に収蔵されていたに止まらず、かなりの数の読者、利用者をもち、その教理理論の愛好者ないしは具体的な実践者の数もまた少なくなかったであろうことが推定される。たとえば平安時代の中頃、後冷泉天皇の康平年間(一〇五八―六五)に藤原明衡《あきひら》が中国の『唐文粋』をモデルにして撰したという

『本朝文粋』対冊の部に載せる春澄善縄（貞観十二年、八七〇年歿）と都良香《みやこのよしか》（元慶三年、八七九年歿）の「神仙」問対の文章などが、そのことを有力に例証する。

すなわち善縄が「玉楼金闕、列真の境は窺《うかが》い難く、紫府黄庭、群仙の遊びは斯れ遠し。赤鯉に控《たずな》乗《と》り、青牛に策馭《むちをく》れ、飛液〔金液丹〕は不死の飡《えじき》を秘し、道引は長生の術を伝えざるは莫し。何を以てか子晋〔王子喬〕は鶴に駕して独り軽挙の霊を禀《う》け、曼都〔項曼都〕は人に対して空しく誕漫《でたらめ》の語を造《な》せしや……」と問うたのに対《こた》えて、良香が「四九三十六天、丹霞の洞は高く闢《ひら》け、八九七十二室、青巌の石は削り成す。芝英の五色なる、春雨は洗って更に鮮かに、松蓋《まつのかさ》の千尋なる、暮煙は扶けて弥《いよ》いよ聳ゆ……眼光は己れを照して、方諸の紫名は相伝わり、手理は人を累《かさ》ねて、太極の青文は朽ちず……慈心の陰徳は諸《これ》を青童の談に聞き、故《ふる》きを吐きて新しきを納《い》るるは、著《あらわ》るること黄老の術よりす」などと述べているのがそれであり、ここでは中国六朝時代の道教の教理学で中核的な地位を占める三十六天説や日本古代の常世《とこよ》信仰と密接な関連をもつ中国古代の蓬萊信仰の六朝時代的な新展開ともいうべき東華方諸信仰＝東海青童君説話、さらにはまた七十二福地〔洞天〕の神学などが論及されている。

三十六天説というのは、仏教の二十八天説―欲界の六天と色界の十八天と無色界の四天―を採り入れて、その上部にさらに八天―太虚無上常融天と太釈玉隆騰勝天、龍変梵度天、太極平育賈奕天の四種民天および太清、上清、玉清の三清天、ならびに最上部の大羅天―を加えた道教の世界観の哲学をいい、東華方諸信仰＝東海青童君説話とは、中国の東海すなわち日本国の方角の大海原の中にあるという神仙の島すなわち方諸山に棲む最高の神仙＝青童君＝を祭って現世の福寿を祈禱する道教信仰をいう。また、七十二福地〔洞天〕とは中国全土の七十二ヵ所に散在する神仙修行の聖地をいうが、都良香がこれらの三十六天説、東華方諸信仰、七十二福地〔洞天〕の神学などに論及しているということは、彼が既に道教の三十六天説を載せる『太上霊宝経』（『諸天内音自然玉字経』）などの道教経典もしくはこれらの経典の解説書を読んでいたことを示し、また中国六朝時代の東華方諸信仰を載せる『八素真経』（『三五行化妙訣』）ないしは七十二福地〔洞天〕の神学を説く『天地宮府図』『洞天福地嶽瀆名山記』のたぐいの道教経典もしくは経典の解説書を読んでいたことを示す。要するに道教の教理学について、かなり積極的な学習を重ね、専門的な知識教育を身につけていたと見てよいであろう。

そして、このことはまた奈良時代末期もしくは平安時代初期の製作と推定される（重松明久『浦島子伝』参照）撰者未詳の『浦島子伝』（新訂増補国史大系本『古事談』所収）を承けて、醍醐天皇の延喜二十年（九二〇）庚辰八月朔日に成ったと自署する『続浦島子伝記』（『群書類聚』巻一三五所収）に、「（浦島子に答えて）神女曰く、妾は是れ蓬山〔蓬萊山〕の女なり。不死の金庭、長生の玉殿は、妾の居処にして、父母兄弟は彼《かしこ》の金闕に在り。……我は天仙と成りて蓬萊の宮中に生まれ、子《きみ》は地仙と作《な》りて澄の江の波上に遊ぶ」といい、また「霓裳《げいしょう》羽衣にして紫府の黄庭に逍遙し、霧に嗽《あそ》び霞を湌《くら》いて絳青の碧落に宛転し……目を紫雲の外に遊ばしめ、心を清虚の間に棲ましめ、或は六甲霊飛の記を読み、或は万畢鴻宝の書を誦し、朝には金丹石髄を服し……暮には玉酒瓊漿《けいしょう》を飲み」、「久しく仙洞の筵に侍り、常に霊薬の味を嘗《な》めむ」などといっていることによっても有力に裏づけられる。これらの文中の「金庭」「碧落」「仙洞」などの語は、いずれも西暦四世紀初めに成った葛洪《かっこう》の

『抱朴子』にはまだ見えておらず、その使用は中国六朝時代の後半期以後のことに属して、六朝後半期以後に成立した道教経典、たとえば『金庭無為妙経』、『度人上品妙経』ないしはこれらの経典の解説書もしくはこれらの経典〔教理〕に取材した中国人の漢詩文を学習することなしには使用できないはずのものだからである。

『続浦島子伝記』に遅れること約一世紀半、平安時代の院政後期、寛治年間（一〇八七―九四）に学者として活躍した大江匡房（一〇四一―一一一一）の撰著である『本朝神仙伝』は、およそ三十七章から成り、上述の浦島子の伝記をもその中に含めて、伊吹山で蟒蛇《おろち》と化した山神の背に乗って行き、薨去の後は白鳥となって天翔《あまが》けったという倭武命《やまとたけるのみこと》、また甲斐の黒駒に乗って白日に昇天し、俄頃《しばらく》の間に千里を往還したという上宮太子すなわち聖徳太子、葛木《かつらぎ》の山で諸《もろ》もろの鬼神を駆使し、命《めい》に背いた一言主《ひとことぬし》の神を永く呪縛《じゅばく》したという役《えん》の行者《ぎょうじゃ》、さらにまた、その一言主の神の呪縛を解き、九州の阿蘇の社では九頭の龍王を折伏したという白山《はくさん》の泰澄大徳など、三十七人の神仙的な人物の伝記を連載している。この『本朝神仙伝』が上述の『日本国見在書目録』にも著録されている劉向の『列仙伝』、葛洪の『神仙伝』、干宝の『捜神記』などをモデルにして書かれたものであることは言うまでもないが、ここに載せる人物の伝記には、中国の道教経典の主要な部分を占める神仙の道術、たとえば辟穀、服餌、尸解、禁呪などの仙方を行なっていたことが記されており、道教の教理学の学習と知識とが平安時代において既に長期間の蓄積と普及度とを持っていたことを推測させる。

平安時代の末期、鎌倉時代の初期を生きて、当時の宮廷における政権争奪の具体的な様相、ないしは朝廷の公事典章の実施状況、さらには世態人情風俗の細微に至るまで、みずからの耳目で親しく見聞した事実を詳細に直写している藤原定家（一一六二—一二四一）の『明月記』〔一名『照光記』〕には、この当時に現実に行なわれていた仏教や道教に関連する記述も多く、そのうち道教に関連するものとしては、「仙洞」、「日華門」などの居所建築物の称呼、「泰山府君」の信仰、「竈神」の祭り、「陰陽師の修祓」、星宿の異変による吉凶禍福の占い、病気治療のための呪術、「追儺《ついな》」「打鬼」「鬼役」「方違《かたたがえ》」などの記述がそれである。

『明月記』の各所に見える「仙洞」とは、道教の教理学で神仙の棲む場所もしくは神仙修行の聖地をいい、同じく「日華門」の「日華」とは、太陽の放射エネルギー〔精気〕をよぶ言葉。この日華を人体の内部に吸収して不老長生を実現する道教の仙術を「服日華之法」—日華を服するの法—とよび、同じく月の放射エネルギー〔精気〕を体内に吸収する道教の仙術すなわち「月華を服するの法」と併称して「服日月華之法」とよばれる。日華、月華を服する仙術を修行することによって神仙の世界に入り、その神仙世界の最上位に身を置くのが「天皇」もしくは「上皇」であり、この「天皇」「上皇」の御座のある正殿が「紫宸殿」もしくは「太極殿」であるというのは、中国における道教の根本理論であるが、わが平安時代の皇居の構造と理念もまたこのような中国における道教の教理学を忠実に学習し継承しているのである。

また、「泰山府君」の信仰とは、死者が中国山東の古来の名山である泰山に集められて、生前の行為の善悪を裁かれるという土俗的な信仰が、六朝時代以後に道教の教理学の中に組み込まれたものであり、九世紀、唐の中頃からは仏教の死者供養と習合した十王信仰として、その後日本にも伝えられ、現在の日本においてもなお、東は山形の立石寺から西は大分国東《くにさき》の富貴寺などにわたってその遺物が保存されているが、この泰山府君の信仰に関する記事が定家の『明月記』の治承五年（一一八一）正月十四日の条などに載せられているのである。

また『明月記』の承元元年（一二〇七）四月二十八日の条などに見える「竈神」の祭り、同じく安貞元年（一二二七）二月二十一日の条に「太白（星）の昴（の星宿）を食するは、和漢の咎徴《きゅうちょう》空《むな》しからず」などとある星宿の異変によって人界の吉凶禍福を占う、いわゆる「星占い」なども、道教の教理学においては重要な地位を占めるが、『明月記』の中に多く見える陰陽師に関する記事、たとえば安貞元年（一二二七）三月十九日の条に載せる冷泉の女房の出産に際しての陰陽師の修祓の記事、また同じく二月十五日の条に載せる、著者の定家が顔面の腫《む》み（丹毒瘡）に苦しみ、これを治療しようとして漢方薬の「大黄《だいおう》」を服用すると共に山僧の心寂房による「呪術を加えた」とある記事なども明らかに道教の安産治病の禁呪の術と密接な関連をもつ。

さらにまた寛喜元年（一二二九）十二月二十八日の条などに載せる「追儺」の記事、正治二年（一二〇〇）二月九日の条に載せる「鬼と作《な》るの時は、形の如く打擲を加える」という「鬼役」の記事、承元元年（一二〇七）正月十五日の条に載せる宮中の近習・殿上人らによる「打鬼」の雑戯の記事なども六朝隋唐期の道教経典、たとえば『洞淵神呪経』などに同類の記述が多く見えており、同書の各所に天皇、上皇、法皇もしくは宮廷の公卿貴族、さらには著者自身をも含めて、しばしば行なったと記録されている「方違」の行事も、道教の経典『黄帝宅経』や『黄帝龍首経』（『日本国見在書目録』に著録）などに記す道教の方位方角に関する禁忌の理論を根底にふまえたものと見てよいであろう。一般的にいって、これまで平安時代の陰陽道とよばれていたものの呪術宗教的な実態は、その思想と理論をも含めて、ほとんどが道教の教理書を下敷にし、もしくはその教理学を基盤に持つといっても過言ではない。『明月記』に載せる「方違」の信仰も、平安時代のいわゆる「陰陽道」が方角方位、日時時刻の呼び方に至るまで、道教の教理書におけると同様に、「十干」、「十二支」、「陰陽」、「五行」、「八卦」、「八風」などの中国伝統の哲学理論を全面的に導入していることの必然的な帰結であった。

『明月記』の撰者である藤原定家が、みずからの丹毒瘡の治療に道教的な医学書『千金方』（『日本国見在書目録』に著録。『道蔵』では太平部所収『千金要方』「草薬下部」）などの記載する「大黄」を使用していることは以上のごとくであるが、定家の時代をも含めて平安時代全体を通じる日本の医学〔医術薬学〕が、中国医学すなわち道教的な医学を全面的に採り入れていたことは、改めて言うまでもない。ところで、この時代の一条天皇の治世（九八七―一〇一一在位）に惟宗允亮《これむねまさすけ》が撰したという『政事要略』の中には、そのころまでの道教的な医薬の服用例を具体的に記述した「服薬駐老験記」を収め載せているが、それによると、寛平年間（八八九―八九八）に春海貞吉という人物は、『抱朴子』仙薬篇などにその薬効が記されている枸杞《くこ》を一町歩あまりも栽培し、それを服用して百十九歳の長寿を保ったという。また東宮学士の大蔵《おおくら》善行は一日一丸の鐘乳丸を服用し、八十七歳で一男児を儲けることができた。彼の家には多くの婦人が蓄えられ、老いてなお房室を断つことがなく、世の人々は彼を地仙とよんだという。「鐘乳丸」もまた上記の『千金要方』「玉石上部」などに載せる道教的な医薬の一種である。

なお、道教的な医薬に関して、西暦四世紀の初めに成った葛洪の『抱朴子』（金丹篇）が、最上の仙薬として讃美するのは丹薬（金液丹）であり、『日本国見在書目録』にも著録されている『太清金液丹経』は、この丹薬について記述する代表的な道教経典であるが、平安時代にはこの金液丹―金液丹と称する仙薬―を実際に服用した天皇のおられたことが正史である『続日本後紀』に記録されている。すなわち清和天皇の貞観十一年（八六九）、藤原良房らが撰録上進した仁明天皇の御一代記である『続日本後紀』の嘉祥三年（八五〇）三月の条の記述によると、「柱下漆園の説（老荘の「道」の哲学）、『群書治要』の流《たぐい》に至るまで通覧せざるはなかった」という仁明天皇は、七歳で腹結病をわずらわれ、八歳で臍下《せいか》絞痛《こうつう》の痾《やまい》を得、尋《つ》いでまた頭風をわずらい、元服を加えて後の三年にはさらに胸病を得るという極めて病弱なお体であったが、父君の淳和天皇の詔旨に従い、丹薬を服用したところ、顕著な効験を得たと述懐されている。そして、わが子の仁明天皇に丹薬の服用をすすめられた淳和天皇もまた同書によれば、「予《われ》も昔また此の病を得て衆方効《きき》めあらず、金液丹ならびに白石英を服せんと欲せしも衆医は之を禁じて許さず、予なお強いて服して遂に疾の瘉《い》ゆることを得たり」と語ったという。

淳和天皇ならびに仁明天皇の丹薬の服用は、九世紀の半ばごろのことであるが、日本国における丹薬についての知識は、それよりも遥かに古く溯ることが考えられる。というのは、平安時代の初期、嵯峨天皇の弘仁九年（八一八）ごろに成ったとされる勅撰漢詩集『文華秀麗集』にも武蔵の国の録事、平五月《たいらのさつき》の「幽人の遺跡を訪う」詩一首を載せ、その中に「借問す幽栖の客、悠々去りて幾年ぞ。玄経は空しく巻を秘め、丹竈は早や煙を収む」の四句が見えているからである。「玄経」は道教の経典。「丹竈」は言うまでもなく丹薬を製錬する竈《かまと》を意味し、「幽人」すなわち隠士による丹薬の製錬が歴史的な事実であったか否かは暫く措くとして、この詩の作者が道教の丹薬についての知識教養を持っていたことだけは確実に肯定される。

道教的な医学の根本を「養生」もしくは「養性」の道にありとし、養生〔養性〕の道の学習と実践による神仙すなわち不老長寿の医学的な理想の実現に関して、(1)宝精すなわち房中の術と、(2)行気すなわち道教独特の呼吸調整法と、(3)服薬とくに丹薬の服用とを「至要の三事」―最重要の三点事項―として強調したのは、『日本国見在書目録』にも著録する葛洪の『抱朴子』(釈滞篇)であるが、平安時代には、葛洪のいわゆる「至要の三事」のうち、(3)の服薬と共に(1)の宝精すなわち房中の術も道教医学の重要な一環として注目され学習されていた。そのことをわれわれは『日本国見在書目録』の撰述に後れること約九十年、円融天皇の永観二年(九八四)に朝廷に献上されたという、当時の宮廷の典薬頭であり、針博士でもあった丹波《たんば》康頼《やすより》の撰著『医心方』によって確認することができるであろう。

丹波康頼の『医心方』は三十巻から成り、始めに病気治療の原則を「治病の大体」として述べ、ついで薬物の服用と調剤の一般について記し、以下、人体の各部分とその疾患、治療の方法を個別的・具体的に述べ、終りに医学の理想が道教の説く養生〔養性〕の道と一致すること、養生〔養性〕の道の最も日常的・基本的なものとして「房内」の医学の重要性を説いている。そして、これらの記述は全面的に『日本国見在書目録』の「医方家」、「五行家」の条に著録する中国の道教的な医学書、たとえば孫思邈の『千金方』、巣元方の『病源論』、楊上善の注する『内経太素』、そのほか『張仲景方』、『徐文伯方』、『删繁方』、『如意方』、『様要方』などに依拠し、彼に先だつ空海〔弘法大師〕の『文鏡秘府論』が中国の文学語学書に関して行なったと同じく、医学薬学書に関して読書ノート的な抜萃を資料としつつ、これに項目的な整理を加えている。

道教の養生〔養性〕の道が『医心方』（巻二十七「養生」）も『文子』の言葉として引用しているように、「太上は神を養い、その次は形を養う」ことにあり、また『老子』や『荘子』、嵇康《けいこう》『養生論』や葛洪『抱朴子』、さらには『道機経』や『太清経』、『太極経』や『老子中経』、『聖記経』、『元陽経』、『服気経』、『延寿赤書』（以上いずれも『医心方』の書中に引用）などの道教経典に説くように、「神を養う」ことが「形を養う」ことの根本である、もしくは「形を養う」ことが「神を養う」ことと一体不可分の関係をもつとするならば、中国の医学は必然的に哲学もしくは宗教と表裏一体の密接な関係で結ばれる。そしてまた、この場合の宗教は、鬼道とよばれる中国古代の呪術的な土着信仰から、西暦三世紀、魏晋の時代以後、道教の教理学の上部構造として形成され展開される宗教哲学―これらは神道の教もしくは真道、ときとしては聖道の教とよばれる―に至るまでを幅広く包含する。

『医心方』（巻二十六「養生」）の中で「三尸《さんし》を去るの方」、「邪魅を避くるの方」などが医療の重要な一環として説かれ、また同書（巻二十七「養生」）の中で老子の「道」の哲学に基づく「谷神章」や「用気章」がとくに一章として設けられており、さらにまた六世紀における道教の基本的な教理書である陶弘景の『真誥』において、「真誥」すなわち「天上の神仙の言葉」の降授者として重要な役割をもつ南嶽夫人〔魏華存〕や九華安妃の言葉が各所に見えていることなどが、このことを最も端的に示すであろう。

これらの道教的な養生〔養性〕の道において、葛洪〔『抱朴子』〕が「至要の三事」中の第一事として挙げる宝精すなわち房中術は、『医心方』においては「房内」と題記されて第二十八巻に一括記述されているが、その内容のほとんどは、中国六朝時代に成立した房中術に関する道教経典、『素女経』、『玄女経』、『洞玄子』、『玉房秘訣』、『玉房指要』などからの引用である（このうち『素女経』、『玄女経』は『日本国見在書目録』にも著録）。そして全篇三十章の中に、「至理第一」、「九気第十一」、「禁忌第二十四」、「断鬼交第二十五」の各章が含まれていることからも容易に知られるように、ここでは「神道」、「真道」としての道教もしくは「鬼道」としての道教の教理学を導入している記述も少なくなく、全体としては中国六朝隋唐期の道教学がその根底基盤に直接的・間接的にふまえられていると見てよい。

例えば、「至理章」において、「沖和子曰く、それ一陰一陽、これを道と謂う。精を構えて化生することの用たる、その理は遠いかな」といい、また「洞玄子曰く、それ天は万物を生じて唯だ人のみ最も貴し。人の上《たつと》ぶ所は房欲に過《まさ》るは莫《な》く、天に法《のつと》り地に象《かたど》り、陰を規とし陽を矩とす。其の理を悟る者は則ち性を養い齢《よわい》を延ばし、其の真を慢《あなど》る者は則ち神を傷《やぶ》り寿を夭《よう》にす」というように、『易経』の陰陽の哲学や老荘の全真の哲学に基づく記述の見られるのがそれである。また「九気章」には「女人の大息して咽唾する者は肺気来り至り、鳴いて人を吮《す》う者は心気来り至り、抱いて人を持する者は脾気来り至る云々」などとあり、「禁忌章」には「五月は是れ仲夏と曰う。是《こ》の月や（夏）至の日には陰陽争い血気散る。日至〔夏至の日〕に先後すること各おの五日は、寝ねて内外を分つ云々」、また「断鬼交章」には「鬼交の病は、陰と陽と交わらず、情欲深く重くして、即ち鬼魅像《すがた》を仮《か》りて之と交通するに由る」などとあるように、老荘道家の「気」の哲学、天文律暦学の八節〔立春、春分、立夏、夏至、立秋、秋分、立冬、冬至の四立、二分、二至〕理論、民間の呪術宗教的な鬼神信仰などをふまえた論述も見えている。

六朝隋唐期の中国で道教の房中術が小説として文芸化されたものとしては、わが国の山上憶良（『沈痾自哀文』）や弘法大師空海（『聾瞽指帰《ろうこしいき》』序）も既に引用している唐の張文成の『遊仙窟』が最も広く知られているが、上述した延喜二十年（九二〇）の自署をもつ『続浦島子伝記』、さらにはまたこの作品の基づく平安初期もしくは奈良末期の成立と推定される『浦島子伝』にも明らかに『遊仙窟』をふまえた字句表現が幾つか見られる。たとえば『遊仙窟』に「千嬌百媚は、造次《にわか》に比《く》方《ら》ぶべきも無く、弱《たおや》かなる体、軽き身は、之を譚《かた》りて備《つぶさ》に尽くす能わず」とあり、『続浦島子伝記』に「既に便娟《うるわしくたお》やか……綾を繆《まと》いて婉孌《なよなよ》し」、「千媚ありて卒《にわか》に叙《の》べ難く……百嬌《ももこび》ありて忽ちには申《の》べず」とあるのなどがそれであり、また『遊仙窟』に「相い随いて房裏に入れば、縦横にして羅綺《うすきあやぎぬ》を照らす。……鴛鴦《おしどり》の被《ふすま》……細かく腰に纏《まと》い云々」とあり、『続浦島子伝記』に「共に玉房に入りて綺《うつく》しき席《むしろ》に坐る。……鴛鴦の衾《ふすま》に入り……繊《かぼそ》き腰を勦《いたわ》り云々」とあるのなどがそれである。

いわゆる平安時代の〝色好み〟の文芸ないしは文化の根底にも、道教のこのような「宝精の術」

が地下水的な流れを持っていたことが十分に推測されるが、そのことはしばらくおき、ここでわれわれが注目を新たにしておきたいのは、道教の説く不老不死もしくは長生延寿が現代においてもまたそうであるように医術薬学の究極的な理想であり、不老不死もしくは長生延寿の実現が人間の精神霊魂だけの問題でなく、肉体を併せ持った生身《なまみ》の人間の生〔性〕を養うことの成果、すなわち人間として生きてあることの幸福の条件として追求されていることである。ただしかし生〔性〕を養うことの成果は、これまた現代の医学もそこから完全に離脱することができずにいるように、古来の呪術宗教的な信仰と根深いところで結びついている。『日本国見在書目録』がその「医方家」の条に数多く著録している医術薬学の文献、すなわち道教医学的な典籍や、都良香《みやこのよしか》の神仙対冊に見られるような方諸山の東海青童君の信仰、また浦島子の伝記文学に託されているような仙界の神女への憧憬、さらにはまた藤原定家の『明月記』に記されているような「方違」、「追儺《ついな》」、「打鬼」、「泰山府君」などの信仰が、そのことを有力に実証するであろう。

平安時代の道教学は、この時代を生きた肉体を持つ人間の生〔性〕を養うことの成果、すなわちこの世の現実に生身の人間として生きてあることの「安楽」――「安楽」というのは道教経典の中にしばしば用いられている言葉で、現代の日本語でいわゆる「幸福」と同義―の実現の道として受け容れられ、学習されたのであった。平安時代の人々にとっては、中国の六朝隋唐期の人々と同じように、道教とはこのような「安楽」実現のための「道の教」であり、道教学とは、そのような「安楽」実現のための「道の教」を、あるいは呪術宗教的な信仰として、あるいは文学芸術的な美の世界の創作として、あるいはまた世界と人生の根源に実在する究極的な真理すなわち「道《タオ》」の宗教哲学の孤独な思惟や思索として、さらにはまた「宝精の術」をもその中に含む医術薬学の養生〔性〕の道の教として学習することであった。

風に乗る仙人

平安時代に大江匡房の書いた『本朝神仙伝』に、吉野の龍門の嶽《たけ》から空を飛んで葛城の峯に通ったという久米の仙人の話が載せられている。この仙人が「河で布を洗っている女性の股《うちもも》の色を見て、愛心忽ちに発《おこ》り、通力立ちどころに滅《き》えて、大地に落ち畢《は》てた」話は、『今昔物語』や『徒然草』などにも載せられていて有名であるが、室町時代に虎関師錬の書いた『元亨釈書』（神仙の部）によると、彼は「深山に入り、仙法を学び、松の葉を食い、薜荔《へいれい》（まさきのかづら）を服し、一旦空に騰《あが》って、飛びて故里《ふるさと》を過ぎ、婦人の脛《はぎ》の甚だ白きを見て即時に墜落した」とあるから、その深山で学んだ仙法も中国渡来のものであったということになる。

　中国の神仙伝にも仙人が松の実などを食って空を飛んだという話は幾つか見えており、たとえば西暦前一世紀、漢の劉向《りゅうきょう》が書いたとされる『列仙伝』に、偓佺《あくせん》という仙人が松の実を食って大空を飛行できたとか、赤将子輿《せきしょうしょ》という仙人が「五穀を食わずに百草の花を噉《くら》い、能く風に随って上下した」とかいう話を載せているのがそれである。そして、これらの風に乗って大空を飛行する仙人たちの話は、さらに溯れば西暦前四世紀、ギリシャのアリストテレスとほぼ同じ時代を生きた中国古代の哲学者荘周の著書とされる『荘子』に、「風に御《の》って行き、冷然《かろや》かにして善《たくみ》なり」と記されている列子すなわち列御寇《れつぎょこう》の話にたどりつく。列御寇という人物は、西暦前五世紀、中国の春秋時代の鄭の国（河南省）の出身者。壺丘子林《こきゅうしりん》という道術者を師として〝虚〟の哲学を学び、「福を致《もと》むることにおいて未だ数数然《さくさくぜん》たらざりしもの」すなわち世俗的な幸福の追求にはそれほどファイトをわかさなかった男であるという。彼がしばしば栄養失調に青ざめて冴えない顔色をしていたとか、女房にその貧乏暮しをなじられ、台所の仕事は自分でしていたとかいう逸話をもつのも、同時代のギリシャの哲人ソクラテスと一脈似たところが感じられる。彼の学んだ〝虚〟の哲学というのは、おのれの心身を虚しくして天地大自然の法則と一体になることを目ざすものであったが、その彼の「御《ぎょ》風」すなわち風に乗って大空を飛行する術というのも、この〝虚〟の哲学と密接な関連をもつ。

　列御寇の言行を記述した文献としては、現在『列子』八篇が伝えられており、彼が風に乗った話は、そのなかの一篇「黄帝篇」に載せられているが、風に乗り得たことの理由については心の〝虚〟を観念的に説明しているだけで、それ以上に具体的な説明は加えられていない。すなわち黄帝篇の記述ではただ列御寇が「心に是非を念《おも》わず、口に利害を言わざる」境地から「心の念う所を横《ほしい》ままにし、口の言う所をほしいままにするも、亦た我の是非利害を知らず、亦た彼の是非利害を知らざる」無心忘我の境地に達して、「心は凝《こ》り形は釈《と》けて骨肉すべて融《とけあ》い、風に随って東西すること木の葉・乾ける穀《もみがら》のごとく、竟《つい》に風の我に乗りしや我の風に乗りしやを知らず」という虚心の哲学が強調されているにすぎない。

西暦五、六世紀、中国の六朝時代に書かれたと推定される道教の神仙術の書、『金庭無為妙経』（『道蔵』正一部所収）の内容は凡そ二十七章から成っていて、その第二十章は「御風」と題されているが、これによると人間が風に乗って大空を飛行できることの理由を、簡単ではあるがつぎのように説明している。

「天地大自然の世界には陰陽の二気があり、春夏秋冬の四時の運行のなかで寒暑の交替が繰り返される。寒というのは陽気が蔵《かく》れて陰気が発動する状態であり、暑というのは陰気が伏《かく》れて陽気が上昇する状態である。陰気が発動して陽気が蔵れるから冬には霜や雪が降り、陰気が伏れて陽気が上昇するから夏には雨が多く、気温が高くて蒸し暑い。人間がこの天地大自然界の法則を十分に会得して、陰気が暑さに勝つようにし、陽気が寒さに勝つようにすれば、雲に乗り、風を御《あやつ》ることも十分に可能なのである」。

つまり、自然界の天候気象の変化を成り立たせている陰陽二気の運動法則を十分に呑みこみ、その法則をわがものとしてうまく活用すれば、人間が雲に乗り風を御して大空を自由に飛行することも不可能ではないというのであるが、その法則を活用するとは、さらに具体的にはどのようにすることなのか。そのことについて『金庭無為妙経』というこの仙術書は、「御風」のための「御気」すなわち陰陽の気のコントロールを「気を御する」章第六として、次のように述べている。

「陰陽の気というものは、形があって形のないものである。気が聚《あつ》まると形をもつ万物となり、気が分散すると風になる。気を流動する状態におくと自由な運動が可能となるが、結び聚まった状態では個物としての形をもち固定化された限界性をもつ。このような気を自由にコントロールして大空を飛翔できる仙人となるためには、気の純粋度を高めることによって身体の骨格を改造し、その努力によって骨格が軽くなると身体的な束縛から解放されるようになる。気を自由にコントロールするためには先ず身体を軽くすることである。そこで身体を軽くしようと思えば不老不死の教を固く信じて、無理な労働や旺盛な物慾を除くことが第一である。身体的な束縛から解放されると精神の純粋さが全うされ、陰陽の気が自由にコントロールされることになる。仙人となることの秘訣は先ず仙薬を服用して穀物を食べぬようにすることが大切であり、服気すなわち特別の呼吸調整術を無心におこなうことが最も肝要である。身体を軽くするには松や柏《はく》や茯苓《ぶくりょう》などのたぐいの本草薬を服用するのがよい」。

右の文章にもあるように、「気」というのは万物を構成する元素・原質であり（欧米人はこの「気」をしばしether もしくはmonad と訳している）、それは自然界に遍満するとともに人間の生命をも形成し、それゆえにしばしば自然界の風、人間の呼吸する息と同義語に用いられる。人間の生命を形成する気と自然界に遍満する大気とは本来同質一体のものであるが、自然界の大気が風となって大空を自由に飛翔しうるのに対して、同じ気によって形成されている人間が大地に縛りつけられているのは、人間の身体的な欲望とくに有害な毒素を多く含む穀物類や魚肉類を食べることによるというのが、中国の神仙術の基礎理論であり、かくて辟穀《へきこく》—穀物を辟《しりぞ》ける—ということが仙人修行の第一歩として強く要請される。上に挙げた久米の仙人が「松の葉を食い薜茘を服した」と記され、偓佺がまた「松の実」を、赤将子輿がさらに「五穀を食わずに百草の花を瞰った」と記されているのも、そのためである。

これを要するに、固く大地に縛りつけられているわれわれ人間もまた辟穀を行なって五穀を口にせず、服気などの呼吸調整術によって体内の気の純粋度を高め、骨を軽くし身を軽くすることによって、本来それと同質である自然界の大気と均しい状態に近づくことができ、かくて大気の流動すなわち風とともに大空を自由に飛翔することができるというのが、『金庭無為妙経』の「風を御する」術のあらましである。そして『荘子』に風を御して飛行したと記されている列御寇が、事実このような辟穀などの神仙術を修得していたか否かについては、明確な記録が何も残されていない。しかし同じく『荘子』のなかに「潜行して窒《いきふさ》がらず、火を踏《ふ》んで熱《やけど》せず、万物の上を行いて慄《おび》えない」秘訣を説く関尹《かんいん》という道術者が、この列御寇に「気を純にする」こと、「其《おのれ》の気を養う」ことを教える文章が載せられていることを参照すれば、列御寇もまた上述のような「御風」の神仙術を修得していたと見て大過ないであろう。

ところで『荘子』の記述によれば、「風を御して行くこと冷然《かろや》かにして善《たくみ》であった」仙人としての列御寇は、風に乗って大空を飛行しながら「旬有《じゅんゆう》五日にして而る後に反《かえ》った」という。旬有五日とは十五日のことであり、彼は十五日たつと飛行をやめて地上に舞い降りてきたというのである。ここで十五日というのは、一年の整数三百六十日を二十四節気で割った数、つまり一節気の期間であり、中国古代の天文気象学では天候は一節気ごとに変化するとされるから、十五日で風も変わり地上に舞い戻ってきたということになる。

西暦前三世紀に書かれた『呂氏春秋』という書物、同じく前二世紀に書かれた『淮南子』という書物などによると、われわれの住むこの地上の世界には一年間を通じて八種の風が吹くという。立春の日に吹き初める東北の風が融風、春分の日に吹き初める東の風が明庶風《めいしょふう》、立夏の日に吹き初める東南の風が清明風もしくは薫風、夏至の日に吹き初める南の風が凱風《がいふう》もしくは景風、立秋の日に吹き初める南西の風が涼風、秋分の日に吹き初める西の風が閶闔風《しょうこう》もしくは飂風《りゅう》、立冬の日に吹き初める西北の風が不周風もしくは厲風《れい》、冬至の日に吹き初める北の風が広莫風《こうばく》もしくは寒風とよばれ、この八種の風はまた一括して八風とよばれる。そして融風は立春から十五日を経過した雨水から十五日を経過した驚蟄《けいちつ》、さらに十五日を経過した春分の前日までの三節気四十五日間を吹き、東北から風の向きを次第に変えて四十五日間で春分の日の明庶風すなわち東風となる。また明庶風は春分から十五日を経過した清明、清明から十五日を経過した穀雨、さらに十五日を経過した立夏の前日までの三節気四十五日間を吹き、東から風の向きを次第に変えて四十五日間で立夏の日の薫風すなわち東南風となる。同様にして薫風は立夏と小満と芒種《ぼうしゅ》の三節気四十五日間、凱風は夏至と小暑と大暑の三節気四十五日間、涼風は立秋と処暑と白露、閶闔風は秋分と寒露と霜降、不周風は立冬と小雪と大雪、広莫風は冬至と小寒と大寒のそれぞれ三節気四十五日間を吹き、一節気十五日ごとに風の向きを次第に変えてゆくことになる。

いうまでもなく風の向きの節気ごとに変わるということは、寒風が薫風・熱風となり、熱風がまた涼風・寒風となる気温の変化ないしは気象現象全般の変化を意味し、その変化はまた人間の健康状態や生活条件と密接な関連をもつ。「風邪」とか「中風」とか「風顛」とかいう言葉のあるように、また「風は百病の長なり」ともいわれるように、中国古代の医学・生理衛生の学は風と人間との関係に精緻な観察と考察を加え、その理論構築の根底にはこのような八風がおかれている。たとえば中国の古典医学書を代表する『黄帝内経素問』に風論篇、八正神明論などがあり（「八正」は八風の正気）、同じく『黄帝内経霊枢』に賊風篇、九宮八風篇などのあるのがそれである。

『素問』や『霊枢』によると、風には正風と邪風、もしくは実風と虚風があるという。正風（実風）というのは春の東風、夏の南風、秋の西風、冬の北風であり、邪風（虚風）というのは春の西風、夏の北風、秋の東風、冬の南風である。人間の病気はこの虚風（邪風）と身体の虚衰《おとろえ》が対応し、邪気が体内に侵入することによって生起する。たとえば『素問』風論篇によれば、邪風が皮膚の間に蔵《こも》ると内外の気の交流が遮断されて通じなくなる。風は本来流動し、よく変化する性質をもつから、もし腠理《けあな》を開いたままにしておくとゾクゾクと寒けがし、腠理を閉ざしたままにしておくと熱っぽくほてってくる。寒けがすると寒風が胃に入って食欲が衰え、ほてってくると熱気にやられて肌肉の消耗がひどくなる。また酒を飲みすぎて毛穴の開いたまま邪風にあてられると漏風になり、房事をおこなって汗をかいたまま邪風にあてられると内風になり、風呂あがりで邪風にあてられると首風になるなどともいう。上に挙げた「風は百病の長である」という言葉も、この風論篇のなかに見えている医学的な主張である。

列御寇がこのような〝風〟の医学理論について、どの程度の知識をもっていたかは疑問である。しかし彼が「風を御して行き冷然《かろ》やかにして善《たくみ》なり」と評されているとき、その軽妙な技術技巧は彼が八風を基軸とする風の気象理論にかなり精通していたことを推測させるに十分である。彼の風に乗る飛行の術は『荘子』の著者荘周も批判しているように、わずか十五日間で再び地上に舞い降りてくるという限界性をもつものではあったが、ともかくもその御風の実績は風に乗って大空を飛行することを志す仙人たちのパイオニヤとしての栄誉をになっているのである。後の道教の経典『金庭無為妙経』が中国における神仙の道術を解説し、そのなかに特に「御風」の一章を加えていることが、彼のこのような栄誉を最もよく顕彰するであろう。『金庭無為妙経』の「金庭」とは、道教において女性の仙人としての最高の地位を占める西王母の住む宮殿の異名である。久米の仙人が俗界の布を洗う女性の脛の白さを見て、その通力を失い大地に落ち畢《は》てたのに対して、中国の道教における風に乗る仙人たちは、不老不死の天上世界における金庭の永遠の女性を目ざして九万里の上空に高く飛翔する。

わが江戸時代の科学者であり、〈玄〉の哲学者でもある三浦梅園が、中国六世紀の道教の巨匠陶弘景を敬慕し、みずからを洞仙―昇天の日にそなえる山中の洞窟での神仙術の修行者―と号すると共に、二人の男の子にもそれぞれ黄鶴、玄亀と名づけている中国の仙人の教の憧憬者であったことは、あまり世に知られていないが、その彼は「隠者を送る」と題する詩のなかで「疑うらくは是《こ》れ霞《かすみ》を餐《くら》い又た風に乗るものか」と歌い、さらにまた西王母の画像に賛を書き、「西王母の図に題す」という長篇の詩をも作っている。梅園の長子である黄鶴の書いた亡父に関する「行状」の文章によると、梅園は最初に結婚した女性の西氏および二度目に結婚した女性の渡辺氏とは共に離婚しており、三度目に迎えた妻の寺島氏は彼に先だって死去している。梅園の西王母に対する関心もまたそのことと無関係ではないと思われるが、友人の多賀墨卿に与えて自己の学問思想の根本的な立場を語った書簡のなかで、「天地を師とするにしくはなく候。……自得にしくはなく候。是《ぜ》も一無窮、非もまた一無窮、無窮の間に遊ぶことに候」と述懐している梅園のその「無窮の間に遊ぶ」遊びもまた、風に乗る仙人のイメージとどこかで密接につながっていると見てよいであろう。列御寇はわが国の三浦梅園をもそのシンパサイザーとする中国の風に乗る仙人たちの栄誉ある先駆者―第一号なのである。

中江藤樹と神道

〃人間は本来「神の子」としての清い魂を持っており、その清い魂は、人間の生成・発展に正しい力を発揮しますが、長い日々の生活のうちには、生活の怠慢から甘美を求める心が生じたり、或は社会的関係の錯綜から無理が生じたりして、清い魂は弱められます。

その心の隙に乗じて「あやまち」を犯す原因となる罪や穢《けがれ》を枉津神《まがつかみ》は人間に染汚します。我々が日常、不足・不満を持つのは、このような清澄であるべき魂が霞んでいるからにほかなりません。そして遂には病にふすという不幸に見舞われたり、また種々の災厄に遭遇など致しかねません。このような災厄の原因は、一人ひとりの魂の汚れから起こるものであるというのが神道の教です〃。

右に引いた一文は、私が近ごろ仮寓している東京は江東地区のさる著名な八幡宮の、大祓《おおばらえ》の神事にあたって巷の人々に神道の教を解説した文章であるが、最近、日本の神道と中国の「神道の教」ないしは道教との関連の問題に関心を持っている私は、中江藤樹がまた中国の神道の教について説くと共に日本の神道についても論及し、「気習の汚れある心」を誡め、「心の汚れを清める」ことを強調していること（『翁問答』）、また、みずから大乙〔太一〕神を祭って「大上天尊大乙神経序」を書き、伊勢の太神宮にも参拝して、祝詞に準じた七絶の詩を賦していることなどを思い出して興味深く思った。

藤樹が伊勢の太神宮に参拝したのは、「辛巳の歳」すなわち寛永十八年（一六四一）、三十四歳の夏のことであるが、このとき彼は「太神宮に参拝し……誠恐誠惶、謹しんで卑懐を述べ、以て祝詞に準ず」と前書して、

光華孝徳続無窮　　光華孝徳　続くこと無窮、
正与犧皇業亦同　　正に犧皇と　業も亦た同じ。
黙禱聖人神道教　　黙禱す聖人　神道の教、
照臨六合太神宮　　六合を照臨したまう　太神宮。

の詩を賦している。詩中の「犧皇《ぎこう》」とは中国で『易』の八卦の制作者とされる伝説的な聖王の伏犧《ふくぎ》。「神道の教」は『易』の観《かん》の卦の彖伝《たんでん》に「天の神道に観て四時忒《たが》わず、聖人は神道を以て教を設く」とあるのに基づく。また「光華」といい「照臨六合」というのは、先人も既に指摘しているように、『日本書紀』巻一に「此の子《みこ》、光華明彩、六合の内に照徹す」をふまえた表現であろう。これらの詩句によって、藤樹の学問教養が儒書だけでなく日本の古典にも及んでいることが知られる。

藤樹の「大上天尊大乙神経序」は、太神宮に参拝した前年すなわち寛永十七年の八月に書かれたものであるが、文中に「大乙尊神とは『書』（『尚書』湯誥篇）にいわゆる皇《おおい》なる上帝」、「かの皇なる上帝は大乙の神霊にして天地万物の君親、六合と微塵《みじん》と、千古と瞬息と、照臨せざる所なし」と

説明されている。彼が大乙の神霊を皇なる上帝と解するのは、『書経』舜典の「上帝に類す」の馬融（七九—一六六）の注に、「上帝は大一〔乙〕神にして紫微宮に在り、天の最も尊き者なり」とあるのに基づくであろうが、この大乙神の祭祀については『史記』の封禅書に詳細な記述があり、緯書の『春秋合誠図』や『楽協図徴』などにも北極神の別名として見えている。ただし藤樹が下文で「(大乙神の)霊像の祭礼は、礼書に載せざるを以ての故に后《のち》の世に明らかならず。……是《ここ》を以て『大乙神経』は湮晦《いんかい》して此《ここ》に千有余年なり。儒者は之を神仙術数に付して察《あき》らかにせず、悲しい哉」といい、「愚《われ》かつて霊像を拝して以為《おも》えらく、易神《えきしん》の尊像にして儒者の敬事する所の者なり、と。然れども宋儒は符章を排斥し、他の左験《しょうこ》なし。是を以て疑うて決する能わざること此に三年なり。今、唐氏の『礼元剰語』を読み、而して豁然として霊像の真を証悟することを得て喜んで寝《い》ねず、命《めい》なる哉。ここにおいて衆説を斟酌して編と為し、名づけて大乙神経と曰う」とあるのによれば、彼の祭った大乙神は『易』の太極を神格化したものであり、明の唐枢（一四九七—一五七四）の『礼元剰語』(『性理会通』続巻三十一)に「至れる哉、一の神たる、其れ太一にして以て復た加うるもの無きか。一にして形なし。故に強いて之を形《あらわ》すに○を以てす。……枢《われ》幼きより庵に一と名づけ〔唐枢の号は一庵〕、此の神物、分明に心に在り。……像して之を演《の》べ、朝夕に奉礼す」と記し、⦿の図像を載せている「大乙元神」と同類の霊像であろう。

　唐枢の「朝夕に奉礼した」大乙元神の霊像⦿は、彼みずから説明するように「太虚の天」、「宰物の帝」、「生理の性」、「霊真の心」、「載営の魂」、「渾成の玄」、「和達の道」、「存主の徳」の八者を別名として持つが、それはまた藤樹のいう「良知の鏡」、「孝の明鏡」(『翁問答』)をあらわすとも解することができ、さらにはまた伊勢の太神宮の神体とされている霊鏡を容易に彷彿させる。上に引いた藤樹の太神宮参拝の詩に、天照大神を「神道の教」を設けた「聖人」に比擬してその孝徳の無窮を讃え、『翁問答』にまた「聖人は生知安行、天と同体なる故におのずから元神元気一貫の妙用、活潑潑地なり」といい、さらにまた「『性理会通』に曰く」として、「『易』に曰く大和を保合す、と。大和とは道の体なり。生物の本なり。天地の根、一団の真理なり云々」を引き、「大和を保合する心法を他に求むべからず、すなわち全孝の心法なり」といっているのなどが参照される。

藤樹の日本の神道についての論及は、たとえば『翁問答』に、「儒教に専ら神明を信仰することを得心すべし。……日本の神道の礼法に儒道祭祀の礼にあひかなひたることとあり。その上三社〔天照大神宮・八幡大菩薩・春日大明神〕の神託の意義、儒者の神明につかふまつる心もちによくかなひぬれば、本朝は后稷《こうしょく》の裔なりといへる説、まことに意義あることとなり」などと見えている。

藤樹にとって「儒道は太虚の神道」であり、「神明を信仰するは、儒道の本意にて候」であった(『翁問答』)。彼はその論拠として『周礼』や『礼記』祭法篇、『論語』などの天神地祇人鬼などの祭祀に関する記述を詳細に列挙する。そして「国所世界の差別いろいろさまざまにありといへ共、本来みな大虚神道のうちに開闢したる国土なれば、神道は十方世界みな一つなり。……その心の位は本来同一体の神道なるによって唐土も天竺も我朝も、またそのほかあるとあらゆる国土のうち、毛頭ちがふことなし」であるから、日本の神道もまた儒教の大虚の神道と本質的に異なるものではありえないと結論する。彼が上述のように天照大神を中国の聖人に比擬し、その教を神道の教と見なしているのも、このためにほかならない。

「儒道は太虚の神道」であり、「神明を信仰するは儒道の本意」であると理解する藤樹は、当然のことながら彼の論著においてしばしば神道を力説する。いわく「孝悌忠信の神道」、いわく「仁義五常、三才一貫の神道」、いわく「皇上帝天神地祇の神道」、「大一天真の神道」、「至極無上の神道」等々、ないしは「天地の神道に志し、明徳を明らかにする工夫」、「至誠無息、不弐一貫の心学をつとめて太虚廖廓の神道をさとる」、「権は聖人の妙用、神道の総名なり」等々、彼の論著のなかから神道を論ずる言葉を取りあげていけば、枚挙に暇がないほどである。

ところで藤樹において、なぜ「儒道は太虚の神道」であり、「神明を信仰するは儒道の本意」でありえたのか。それは彼が学問の道を明徳において捉え、明徳の根本を孝として把握し、その孝を「天にありては天の道となり、地にありては地の道となり、人にありては人の道となる無双の霊宝」（『翁問答』）として形而上化し宗教化しているからにほかならない。彼にとって孝とは、たんなる親子の道としての倫理的な徳目にとどまるものではなく、「大虚を以て全体として、万劫をへても終りなく始めなく」、「三才・宇宙・鬼神・造化・生死ことごとく此の宝にて包括する」永遠不滅の宇宙の実在、「太虚神明の本体」（『翁問答』）であった。

藤樹において孝とは、人間が人間として生きてあることの根源、天地万物が天地万物として存在しうることの根拠、「太虚の神化をおこなう」、「神妙至極の霊宝」、「万世の闇を照らさんための鏡」であった。彼のこのような孝の宗教的形而上的な把握が、『孝経』の「孝は天の経、地の義」、「孝悌の至み《きわ》は神明に通じ、四海に光き《かがや》、通ぜざる所なし」などの論述に基づくものであることはいうまでもない。そしてまた、彼のこのような思惟の基盤に、「心学」「心源」「心法」を強調する中国明代の儒教の主観唯心的な学風の強い影響が見られることも既に先学によって注目されている通りである。

しかしまた一方、われわれは儒学をも含めて江戸初期の日本の学術、とくに関西文化圏のそれが平安室町期に展開を見せた仏教や神道の教学、ないしはそれらと密接な関連をもつ道教の思想と根ぶかいところでつながっている事実をも看過してはならないであろう。契沖の国学が密教の教学を基盤として展開し、惺窩や羅山の朱子学が神道と儒道との一致を説き、山崎闇斎がまた一部の弟子たちの反撥にもかかわらず、垂加神道の創始者となっている事実を私は興味ふかく思う。藤樹の論著のなかにもまた『梵網経』が引用され、黄檗禅師が話柄とされ、「万劫」「微塵」「十方世界」などかなりの仏語が用いられている。そしてまた、彼が祭った大上天尊大乙神の「大上天尊」の語は、明らかに道教に由来するものであり、『易』の哲理を神格化し霊像化する発想もまた古く道教に由来をもつ。「元神元気」を説き、天尊大乙神を祭る藤樹の神道もまた「一気玄玄の元神」を説き、大元宮を吉田の斎場に造った室町期京都の神道学と全く無縁ではありえないであろう。吉田神道のいわゆる「一気玄玄の元神」もしくは「大元宮」の「一気」、「玄玄」、「玄元の神」、「大元」などの語こそ、それらはいずれも道教の神学〔教理学〕における中枢的な概念にほかならないのである。

江戸期の老荘思想

享保十二年（一七二七）といえば、松尾芭蕉の『笈の小文』が書かれた貞享四年（一六八七）におくれること四十年、賀茂真淵の『国意考』が成った明和二年（一七六五）に先だつこと三十八年であり、また、安藤昌益の『自然真営道』（三冊本）が京都で刊行された宝暦三年（一七五三）に先だつこと二十六年、三浦梅園の『多賀墨卿君にこたふる書』の書かれた安永六年（一七七七）に先だつこと五十年であるが、この年、江戸の書肆松寿堂から『田舎荘子』三冊、附録一冊を加えて四冊が刊行されている。

この『田舎荘子』の本文は上中下の三巻から成り、上巻に「雀蝶の変化」、「木兎《みみづく》の自得」などと題する六篇の説話、中巻に「菜瓜《なうり》の夢魂《ゆめごころ》」、「蟬蛻《せみがら》の至楽《しらく》」などと題する五篇の説話、下巻に「荘右衛門が伝」、「荘子の大意」などと題する三篇の文章を収め、また附録として「聖廟の参詣」、「鳩の発明」の二篇の説話を加えて、荘子の哲学を通俗的に解説しているが、通俗的であるとはいえ、荘子の哲学にかなり水準の高い理解を示している。とくに下巻の末尾に載せる「荘子の大意」一篇は、荘子の哲学を要約して、「造化を以て大宗師とし大父母とす。死生禍福、動静語黙、ただ大父母に任せて其の命に安んじ、一毫も其の間に意を容るることなし、これ荘子が主意なり」と説明し、さらにこの造化の哲学と仏教との同異を論じて、「礼楽仁義聖人ともに打ち破りて、道の極りなきことを論じる」荘子の哲学は、「仏を叩し祖を罵る禅家の気象に似ている」が、仏教が「三世を説いてやまず、造化を以て幻妄とする」のに対して、荘子が「三世を語らず、造化を以て大宗師とする」点に「千里の差がある」とし、両者の相違に鋭い把握を示している。

『田舎荘子』の著者、佚斎樗山《いっさいちょざん》は、『宝暦四年刊書籍目録』によれば、『英雄軍談』、『六道士会録』などの著述もあったと記され、ひたむきな老荘思想の傾倒者であるというよりも、広い教養とすぐれた文筆の才をもつ一種の啓蒙作家であったと推測されるが、この書の刊行は多くの読者の支持をえたと見え、すぐ引きつづいて同じ著者による『田舎荘子』外篇六巻六冊が、また十数年後の寛保三年（一七四三）には、冥山・田長与（田中甚助）による同類の著書『面影荘子』四巻四冊が大阪から、また二十数年後の宝暦三年（一七五三、ただし著者の自序は享保十七年）には、信更生による『都荘子』四巻四冊が同じく大阪から刊行されている。

『面影荘子』の体裁は、まったく『田舎荘子』にならって、「蟻鯨の情量」、「粉蝶、色を弁ず」などと題する各巻四篇ずつ、合せて十六篇の説話から成るその内容も同巧異曲であり、巻末に「荘子の趣意」一篇を載せている点も『田舎荘子』を真似ているが、ただ荘子の哲学を「自然」の二字に要約し、一気を太極として太極を理とする朱子学を暗に批判し、この一気で万化の根源を説く荘子の哲学が、同じく万化の根源を一心で説く仏教と根本的に異なっていることを説いている点などに特徴が見られる。また、『都荘子』は「朝三暮四」から「上知下知」に至る十五篇の説話を載せて、これまた『田舎荘子』の体裁をそのままにおそっているが、『荘子』を虚の哲学として特質づけ、儒教と神道、仏教の禅と浄土の思想をも、この虚の哲学によって一体化しようとしているところに特徴をもつ。

『田舎荘子』、『面影荘子』、『都荘子』などの通俗的な『荘子』解説書、いわゆる読本のたぐいは、江戸の初期、寛永五年(一六二八)の跋記をもつ京都の人、安楽庵策伝(平林平太夫)の咄《はなし》を集めた『醒睡笑』八巻などの流れを汲むものと見ることができようが、この『醒睡笑』の中にもところどころに『荘子』が引かれており、たとえば「この世は蝶の夢にぞありける」の歌をあげて、「荘周が夢に蝶になりたるとやせむ、蝶が夢に荘周になりたるとやせむ」と解説し、また、「年よれば腰にあづさの弓をはり云々」の歌をあげて、「荘子、寿者は辱多し」などと解説している。『荘子』の「寿者は辱多し」は、『徒然草』にも他の多くの老荘の言葉とともに引用されていて、『醒睡笑』の『荘子』は、さらに古い日本での老荘の伝承をふまえているのであるが、ここで注目されるのは、江戸の初期においても一般読書界において『荘子』がかなり広く読まれていたということ、少なくとも一般的な知識として読書家によく知られていたという事実である。

『田舎荘子』、『面影荘子』、『都荘子』などの書かれた享保から寛保、宝暦にかけての時期には、このほか『都老子』(梨春)、『夢中老子』(燕志堂)、『老子形気』(新井祐登)、『造化問答』(安居斎宗伯)などの老荘思想解説書のたぐいが多く刊行され、一方また老子や荘子に取材した洒落本、滑稽本のたぐいの江戸小説がこの頃からようやく盛んになってゆくのであるが、享保十九年、大坂に生まれた上田秋成が剪枝畸人と自称して『荘子』の畸人を己れの号とし、その著『胆大小心録』の中で、「我非彼是、彼是我非、我佗彼此のたがひなり」、「人は美といふ、我《われ》これを見て醜となす。美醜相分れず、則ち又善悪邪正あるなし」などの『荘子』に基づく言葉を己れの人生智として綴っているのも、このような老荘思想の広汎な底流をふまえた彼の思想形成であろう。

元禄七年（一六九四）、五十一歳で歿した芭蕉が、その四十四歳のとき、貞享四年に書いた『笈の小文』は、『荘子』の言葉「百骸九竅《きょう》」から始まって同じく『荘子』に基づく言葉「造化に随い造化に帰る」で結ばれた荘子的文芸の哲学を述べた文章として有名であるが、その芭蕉は死の前年、元禄六年に書かれた『閉関の説』では、「南華老仙〔荘子〕のただ利害を破却し、老若を忘れて閑《しづか》にならむこそ老の楽《たのしみ》とは云《いふ》べけれ」といい、また同じ年に書かれた『松倉嵐蘭を悼む文』では、「老荘を魂にかけて風雅を肺肝の間に遊ばしむ」といい、そのほか彼の俳語俳文の中に老荘の言葉を指摘していけば、枚挙にいとまがない。芭蕉は文学としては杜甫に深く傾倒していたようであるが、哲学としては禅と荘子に心の拠り所を得ていたといえるであろう。「一度《ひとたび》は仏籬祖室の扉《とぼそ》に入らんとした」（『幻住庵の記』）彼は、仏頂和尚に師事して禅教にすぐれた会得をもっていたが、当時の禅教は中国明代におけるそれと同じく老荘の哲学と深く結びついていた。芭蕉の荘子への傾倒は禅教への傾倒と一体のものであったが、しかし「たどりなき風雲に身を責め、花鳥に情を労して、しばらく生涯のはかり事とし」（同上）、「風雅におけるもの、造化に随ひて四時を友とした」（『笈の小文』）芭蕉は、造化の自然を友とすることにおいて、より多く荘子の徒であった。

芭蕉において一体化されていた禅教と荘子は、彼を宗匠と仰ぐ俳諧俳文の世界に荘子的な軽妙洒脱を文芸の本質的な価値として定着させるとともに、一方また、文芸にすぐれた禅僧たちに老荘思想をその行雲流水に随う一所不住の生活の友とさせた。寛保の末から宝暦の始めに至る横井也有の遺稿をあつめた『うづら衣』続篇にも、「大鵬の雲に羽うつは、荘子の例の大嘘にして、斥鷃《せきあん》のよもぎふに飛ぶは、今見る所の実なり」、「てふの花に飛びかひたる、やさしきもののかぎりなるべし……籠にくるしむ身ならぬこそ猶めでたけれ、さてこそ荘周が夢も此物には託しけめ」などと『荘子』の引用が目だち、文政年間に諸国の俳人の文章を集めて成った甲斐の俳人蕪庵蟹守の『新編俳諧文集』にも、「斥鷃は九霄《きゆうしよう》の鵬を羨まず、蟹は甲に似合て穴をほる」、「古き声げにも淡くして味なし」、「杉の梢になく蟬の春秋さへ見ず……蜉蝣の夕を知らず、蟻のつみたる塔も風に破れ月に消えて、天地の造化にあらたなり。無為を為とし、無事を事とせんと欲すれども云々」などと老荘の言葉が多く用いられている。俳諧俳文における老荘的な風雅の根強く広汎な伝承を示して思い半ばにすぎるものがあるが、一方また、禅僧の老荘的風雅も寛政年間に刊行された伴蒿蹊《こうけい》の『近世畸人伝』正続編の中にその一斑が記録されている。芭蕉の弟子で『寐転艸《ねころびぐさ》』の著者である禅僧丈艸《じようそう》の「化して蛞蝓《なめくじ》と做《な》つて自由を得る」林丘の風雅、同じく芭蕉の弟子で『天狗集』の著者である惟然房の「学文《がくもん》して身に行《おこなは》ざらんより、しらずして愚かなるにはしかじ云々」とうそぶいた風狂の一所不住、俳諧を善くし、諸国を行脚して蝶夢法師とよばれた僧幻阿の「寵辱に驚かぬ」清玄の風雅などがそれであるが、同じく諸国を行脚して曹洞の禅門に身をおきながら、携えていた書物は唐刻の『荘子』二巻のみであったという良寛和尚も(近藤万丈の『ねざめの友』に記す実見談)、この流れを汲むものと見ていいであろう。良寛の詩集にも老荘に基づく語句が数多く見出される。

わが国に南画もしくは文人画が行なわれるようになったのは、江戸の中期、十八世紀に入ってからであるといわれるが、その代表者ともいうべき池大雅（一七二三―七六）には有名な荘子夢蝶図がある。大雅にわずかに先だつ土佐の文人画家中山高陽にも同類の夢蝶図があり、南画の世界でも荘子の〝逍遥の遊び〟が好んで画題とされ憧憬されていたことが知られる。大雅とならぶ南画の代表的画家与謝蕪村はまた俳諧の巨匠でもあり、荘子の〝遊び〟は俳諧の世界と南画の世界に共通する精神的な風土の象徴でもあった。もともと南画は中国の南宗画がその芸術哲学とともに日本に受容され展開したものであるが、中国における南宗画の発達は禅や荘子の哲学と密接な関係をもち、日本の南画家たちが好んでその芸術に学んだ中国の文人画家たち、黄公望や倪雲林や石濤などには特にその傾向が強い。大雅や蕪村に先だつ日本の南画の先駆者たち、祇園南海や柳沢淇園らが武士階級の出身者でありながら、放蕩無頼、不行跡の烙印を押される反体制的な思考と行動の持ち主であったこともまた、この芸術と老荘思想との関係を考える上に興味深い。中国における老荘思想もまた本来的には既成の社会秩序を批判する反体制的な思想であった。

江戸期の日本思想を最もよく代表する国学は、芭蕉とほぼ時代を同じくする僧契沖（元禄十四年、六十二歳歿）を開祖とするといわれるが、十三歳で剃髪し、高野山などで学んだ密教の沙門である契沖は、山水に自適して仏道と歌学にいそしむ山家のこころを、「やま川の亀の心をこころにて、尾を引くことをならひてぞすむ」と詠んでいる（『近世畸人伝』）。「尾を引く亀」というのは、いうまでもなく『荘子』秋水篇の「生きて尾を塗《どろ》の中に曳《ひ》く亀」をふまえた表現であり、彼が荘周の生き方を己れの生き方として憧憬していたことを示す。その契沖の国学を継承する賀茂真淵は、その著

『国意考』の中で、「老子てふ人の、天地のまにまに言はれしことこそ天が下の道には叶ひ侍るめれ」、「天地とともにおこなはるるおのづからの事こそ生きてはたらく物なれ」といい、また、その書簡の中では、「異朝の道は方なり、皇朝の道は円なり。故にかれと甚だ違ふを、孔子などの言を信ずる故に聞きがたし。老子荘子などを見候はば、少し明らめも出来ぬべし。是は天地自然なれば、神道にかなふ事あり」といって、老荘思想に強い共感を示しているが、その儒教のさかしらの道に対する手きびしい批判もまた老荘の論法をそのまま借りており、ここで彼のいわゆる「生きてはたらく物」とは、『田舎荘子』が荘周の哲学の根本として要約する大宗師としての〝造化〟にほかならない。そしてまた、この真淵を師として国学を大成した本居宣長にも若いとき『荘子摘腴《てきゆ》』（天理図書館蔵）の著作があり、その国学や儒教批判もまた老荘とまったくは無縁でないことが知られる。宣長もまた、老荘の無為自然を「真の自然にあらず」、「しひて立てんとするもの」と批判しながらも、「かの老荘はおのづから神の道に似たること多し。これさかしらを厭て自然を尊むが故なり。かの自然の物は、ここもかしこも大抵同じことなるを思ひ合すべし」（『くず花』）といっている。儒教のさかしらの批判者としては国学も老荘思想も共通した性格をもち、同一の〝自然〟の立場に立ちうるのである。

宣長の師真淵が徂徠学派と密接な関係をもつことは、すでに先人も論考しているように、真淵が遠州にいたころ、徂徠の門下太宰春台の弟子で『老子愚読』の著者である渡辺蒙庵を師として学んでいること、また江戸に出てのち、徂徠の高足服部南郭と親交のあったことなどからも明らかであるが、この徂徠学派もまた老荘学と密接な関係をもつ。上に述べた太宰春台の「春台」、服部南郭の「南郭」がそれぞれ『老子』第二十章の「春、台に登る」、『荘子』斉物論篇の「南郭子綦」に基づく号《よびな》であり、同じく徂徠の学統を承ける海保青陵の「青陵」が『荘子』外物篇の「青々たる麦、陵陂に生ず」、亀井南溟の「南溟」が『荘子』逍遙遊篇の「南溟は天池なり」に基づく号であることからも容易に知られるように、徂徠門下の学者文人には老荘に好尚をもつものが多く、したがってまた老荘に関する注解書を著述している者も少なくない。そして、このことは師の徂徠が古文辞学を唱道して諸子研究を奨めたことの顕著な成果であろうが、江戸期において学問としての老荘研究が興ってくるのは徂徠学派に始まるといっても過言ではない。

江戸期における老荘学は、室町期の禅僧のそれを承けて宋の林希逸の『老子口義』『荘子口義』などを講述することから始まっているが、林羅山の『林註老子』、松永尺五の『荘子抄』、毛利貞斎の『荘子口義大成俚諺鈔』(元禄十六年刊)などを経て、徂徠門下の学者たちが活躍する江戸中期になると、林希逸の老荘解釈には必ずしも満足できなくなり、さらに根本的にその本文を校定し、先秦諸子との比較研究によって老荘の真義を把握しようと努力する動きが出てくる。徂徠の弟子宇佐美恵の考訂した『王注老子道徳経』、そのまた弟子である海保青陵の『荘子解』などは、その動きをすぐれた成果として代表するものであるが、とくに前者は現代の老荘研究においても大きな価値をもち、中国においても何度か覆刻されている。

江戸期におけるアカデミックな老荘学は、徂徠門下の学者たち、またそれにつづくいわゆる折衷学派の学者たち、たとえば東条一堂や太田晴軒らによる老荘研究を基盤として、その上に寛政から文化文政期の多彩な老荘研究を開華させ、その末期における帆足万里、岡松甕谷らの著作に至るまで、多数の老荘研究書・注解書を生むのであるが、ここで注目されるのは、これら多数の注解書の中に皆川淇園の『荘子繹解』や亀田鵬斎の『荘子独了』が見られることである。淇園は『易学楷梯』、『易学開物』などの著書をもつ易学者として知られるが、絵画芸術にもまた造詣が深く、鵬斎は井上金峨に学んでいわゆる折衷学派に属するが、寛政異学の禁にレジスタンスして江戸五鬼の一人に数えられた〝風顛生〟であり、越後の良寛とも親しい交わりをもつ。彼はまた詩書画の達人として知られ、良寛の肖像をえがき、良寛と詩の贈答をもおこなっている。アカデミックな老荘学と上述した文芸の世界における老荘思想、もしくは禅門雲水の世界における老荘思想とのつながり・接点を示す具体例をわれわれはここで確かめることができるであろう。

江戸期における老荘思想は、アカデミックな老荘学研究を一方の極とし、通俗的な小説戯文における老荘談義を他方の極として、あるいは山脈のように高くつらなり、あるいは地下水のように深くひろがっているが、最後にわれわれは、このようなひろがりとつらなりの中から生まれてきた江戸期の特異独創の〝畸人〟、安藤昌益と三浦梅園について簡単に附記しておこう。

安藤昌益の『自然真営道』が京都で刊行されたのは、大坂における『都荘子』の刊行と年を同じくする宝暦三年であり、江戸における『田舎荘子』の刊行におくれること二十数年であるが、この書の内容が荘子の文章表現や自然の思想、相対性の観念などと密接な関連をもつことについては、すでにE・ハーバート・ノーマン(『忘れられた思想家』上下)の詳細な論及がある。昌益は儒教を批判し罵倒する点では国学の真淵と共通し、また老荘の儒教批判の論法を己れの論法として摂取しながら、その老荘をきびしく排撃して、「老荘ともに聖人を謗れども、己れらも不耕貪食して転〔天〕

道を盗むこと聖人と同罪なり。之を弁へず、聖を誇るは、偏惑の甚しきなり」などというのは、宣長が「老荘は……自然の道をしひて立てんとする物なる故に、その自然は真の自然にあらず」などというのと共通する。しかし『自然真営道』の「自然」や「真」などの語が、老荘のはじめて用いた思想概念であることからも容易に知られるように、昌益の発想や思考の論理には確かに老荘から学んだと思われるものが少なくない。中国にも老荘の論理を逆手にとって老荘を排撃する著作は古くから存在するが（例えば四世紀における王坦之の『廃荘論』など）、昌益の独自性の強調が国学のそれと共通した性格を多くもつのは、この時期の学問の在り方と思想家の思想形成を考える上でまことに興味深い。

三浦梅園は昌益にややおくれ、宣長にわずかに先だつ江戸中期の独創的な思想家であるが、当時の学界の主流からはずれた僻遠の地に住んでいた点では昌益と共通する。その彼は己れの学問哲学の根本的な立場を多賀墨卿に語って、「造化は手なくして華をさかせ、子を給はせ、魚をもつくり出し候、もし己れに執する処有り候へば、其の運転造化、甚だあやしむべき事に候」、「天地を知るは我私の意を入れず、あるままに天地に従ひて天地を師とするにしくはなく候。……自得にしくはなく候。是《ぜ》も一無窮、非もまた一無窮、無窮の間に遊ぶことに候」などと述べている。梅園もまた『面影荘子』の著者と同じく万化の根源を太極の一気に観るのであるが、文中の「造化云々」および「天地を師とする云々」は、『田舎荘子』の要約する「荘子が主意」をわれわれに容易に想起させ、また文末の「是も一無窮、非もまた一無窮」、「無窮の間に遊ぶ」は、それぞれ『荘子』の斉物論篇、逍遙遊篇の言葉である。

私は梅園や昌益、さらには広く江戸期の思想家たちの日本的独自性を否定するためにこの一文を草しているのではない。しかし、その独自性を真に正しく把握するためには、彼らのふまえていた学問がどのようなものであり、彼らの思想形成が一般社会のどのような思想的風潮の中でなされているかを明確に認識する必要があるであろう。思想と思想との関係は、順の方向で受容される場合もあり、また逆の方向で摂取される場合もある。昌益や宣長が老荘の思想を口をきわめて罵倒していることと、彼らが老荘の思想から何を学んでいたかということは、おのずから別個の問題である。儒学〔朱子学〕が幕府の権力に支えられた正統の学問として世俗的に権威づけられていた江戸期においては、その権威からはずれる思想の創造的な独自性を確保するためには、規範に対する自然の思想が必要であった。老荘の思想はもともと、その自然の思想を儒教に対する批判として説く。日本的な思想の独創性が確保されるために必要な老荘思想の役割がここにあるといえるであろう。

ただしかし、老荘の思想もまた儒教のそれと同じく本来中国の思想であった。中国の思想に対する日本的な思想の自覚は必然的にまたこの老荘思想をも排撃する。老荘思想はその矛盾と屈折の中で日本的な思想の独自性を発酵させる触媒の役割を江戸期では果していたように思われる。

益軒の『養生訓』と梅園の『養生訓』

貝原益軒の生まれた筑前福岡と三浦梅園の生まれた豊後杵築《きつき》を結ぶ直線上の、真中よりやや東寄り、北に少しくはずれたあたりに、豊前中津の城下町がある。益軒の祖父である貝原宗喜が主君の黒田如水に仕えて、慶長五年（一六〇〇）福岡に移るまで十余年間を過ごした町であり、益軒の死に後るること九年、享保八年（一七二三）に生まれた三浦梅園が、十七歳の頃からしばしばその門を訪れて教を受けた藤田敬所、および梅園の学問上の交友賀来《かく》玉淵の住んだ町である。現在では福沢諭吉の郷里として多くの人々に知られ、また前野良沢の郷里として一部の人々に知られているが、この城下町で旧制の中学校を卒えた私は、そのころ町に数軒あった古本屋で、蘭学関係の古書とともに益軒の著書や梅園の著書が片隅に並べられているのを目にとめた記憶がある。益軒の『養生訓』については、その当時から既になにがしかの知識をもっていたが、梅園の『養生訓』について識ったのは、ずっと後年のことである。

益軒と梅園が私の頭の中で結びつく事情は、およそ右のような地理的風土的なそれを主とするが、両者の結びつきうる事情はしかし、しいていえば、いまひとつ挙げられる。それは、益軒としばしば組み合わされる室鳩巣が、実は梅園の師の綾部絅斎《けいさい》のまた師にあたることである。絅斎は鳩巣に学んで、その学問はいうまでもなく朱子学であるが、彼の著述『家庭指南』には鳩巣の跋文(「読家庭指南」)が附せられ、その跋文を附して絅斎の死後この書を刊行したのは梅園である。益軒にも『家道訓』の著述があり、立論の立場はやはり朱子学であるが、絅斎の『家庭指南』よりも三年前に執筆されている。

益軒の著作は、いわゆる著作の名に価するものだけでも約百部、二百五十余巻、まことに驚嘆すべきエネルギーの持ち主であるが、梅園もまたそれに劣らぬ精力的な著作を残し、部数こそ劣れ内容的には優に益軒と匹敵する。益軒の学問思想を代表する著作としては、『大疑録』『慎思録』『自娯集』などのほか、いわゆる『十訓』があるが、梅園の学問思想を代表する著作としては、いわゆる『三語』〔玄語・贅語・敢語〕があり、『元気論』『価原』『詩轍』などがある。両者の学問思想を比較するというのであれば、当然これらの著作を主とすべきであろう。しかし私があえてこの両者を『養生訓』において比較しようと試みたのは、「生を養う」ということが人間にとっての根源的な関心であり、この根源的な関心において学者の裃をぬいだ学問、思想家の素肌、土着性ともいうべきものがうかがわれると期待したからである。そういえば主著の殆どが漢文で書かれている梅園においても、『養生訓』は平俗な和文で書かれており、益軒の『養生訓』ももちろん和文である。しかし平俗な和文ではあるが決して低俗な文章ではなく、彼らの読書と思索の成果、人生体験の英知がエッセンスとして豊かに盛りこまれている。ちなみに益軒の『養生訓』は八十四歳、梅園のそれは五十六歳のときの著作である。

益軒の『養生訓』は八巻から成り、初めの二巻が総論、以下の六巻が飲食、五官、二便、慎病、択医、用薬、養老、育幼、鍼灸などについての各論という構成になっている。梅園の『養生訓』は全部で一巻であるが、内容から見て益軒のそれの総論の部分に匹敵する。したがっていま、両者を思想として比較するということになれば、益軒の方は主として総論の部分を問題とすれば事足りるであろう。

両者を思想として比較するとき、われわれのまず気づく事実は、両者の主張に少なからず共通もしくは類似する部分の見られることである。たとえば「養生の秘訣は元気を保つことにあり」「気の流れを滞らせぬこと」「百病はみな気から生じる」という主張である。あるいは「人慾をほしいままにせず」「足るを知り」「心安らかにして身を労せしめ」「内慾と外邪を兼ね防げ」という主張であり、さらにはまた「養生は平生の用心に在り」「四民ともに家業に勤めるのが養生の術であり」「養生は君父への忠孝のためである」という主張である。いうまでもなく、これらの主張のほとんどは中国の養生論ないしは医学書に基づくものであり、また、それを朱子学的な実践倫理と結びつけたものである。だから論述の中に引用される文献も『老子』『荘子』『呂氏春秋』、華佗、嵇康《けいこう》などの養生論ないしは孫思邈《そんしはく》の『千金方』、朱震亨《しゆしんこう》の『丹渓心法』、李挺の『医学入門』などであり、『易』『尚書』『礼記』『論語』『孝経』などの儒教経典、ないしは邵康節《しようこうせつ》、朱熹などの哲学的な著作である。

もっとも全体としては多くの共通し類似する内容をもつ両者の『養生訓』も、細かく見てゆけば議論の立て方や力点の置き方にかなりの相違がある。例えば、益軒も梅園も人間の生命を天地大自然に根拠づけながら、前者は天地の在り方を調和と和楽に強調して静的であり、後者は天地のはたらきを生成と変化に強調して動的である。両者ともに『易』の天地の哲学を立論の根拠に据えながら、益軒のそれが『楽記』の形而上学と結びついた「天地の楽《らく》」を強調するのに対して、梅園のそれはあくまで「生々の天意」を問題にし、天地を一大活物と見て、その「千態万貌の変化」の中に「天地の条理」を探ることを強調する。また、益軒が「徳をそこない、身をそこなう」ことを誡めて、博く古人の説に学ぼうとする態度を顕著に示すのに対して、梅園は「古《いにしえ》に滞り、書に泥《なず》む」ことを誡めて、「ただ活法を求める」ことを強調する。梅園が『易』の哲学に基づいて病気における「絪縕《いんうん》の感応」を説き、養生の術を「営衛」の原理で説明し、健康における遺伝的な要素に注目していることなども、益軒の『養生訓』とは異なる点であるが、要するに益軒の基本的な姿勢が聖学の一環としての養生を説くことにあるのに対して、梅園のそれは天地の条理の一環としての養生を説くことにあるといえるであろう。なお、益軒が「ひとへに父母天地に孝をつくし、人倫の道を行なひ、義理にしたがふ」ため、「久しく世にながらへて、喜び楽《たのし》みをなす」聖学の一環としての養生を説きながら、養生の重要性を特に強調して、「よくわが身をたもつは是れ人生第一の大事なり。人身は至りて貴《たっ》とく重くして、天下四海にもかへがたし」と『荘子』（養生主、譲王篇）の言葉を用いているのは、梅園がまた自己の学問の根本的な立場を説明して、「是《ぜ》も一無窮、非も亦た一無窮、無窮の間に遊ぶことに候」（『多賀墨卿君に答える書』）と同じく、『荘子』（斉物論篇）の言葉を引いていることと共に、彼らの学問思想の性格、朱子学との関係などを考える上に特に注目される。

益軒の『養生訓』と梅園のそれは、いずれも立論の基礎を中国の古典におき、中国人の養生に関する著作を多く引用している。それらは一見して中国の学問思想の単なる祖述、単なる紹介解説にすぎないという外観をもつ。しかし、その内容を具体的に検討するとき、われわれはそこにまたかなり重要な相違のあることに気づくであろう。すなわち、その第一は論述の仕方に整序性があることであり、第二は原理的なもの、法則的なものへの関心が強いことであり、第三はその原理的なもの、法則的なものを絶えず意識しながら全体の叙述をすすめ、叙述を進めながらそこに回帰し、そこに根拠づけようとする傾向が顕著に見られることである。中国における同類の著作が多く雑然とした体裁をもち、法則的、体系的なものへの関心が弱く、原理的なものへの関心は強くても、全体の叙述をそれで一貫させる意図の乏しいのに比べて、ここには一つの日本的な思考の特徴が明確に示されているといえそうである。梅園の「活法」の主張や「条理」の強調、益軒の「寡眠」の主張や「国俗」の強調などにも思想家としての個性が看取されるが、ここではその詳細を省略する。

益軒の『大疑録』が朱子学に対する大疑であり、とくにその宇宙論―理気説を批判するものであることは、一読して明瞭である。徂徠の門弟太宰春台がまた特にこの書のために顕彰の労(「読大疑録」)を取っているのも、朱子の学説に対する懐疑と批判を高く評価したからにほかならない。

ところで益軒の朱子学批判―理気一元論の主張は、彼の学問思想とどのような関わりをもつのか。彼の学問の博洽さや思索の誠実さが朱子学への懐疑を育てたことがまず考えられよう。また彼が若くして学んだという陸王の哲学や彼がしばしば京都を訪れて接触した古学派の学問の影響もそこには考えられる。しかし私は、その最も大きな役割を果したものとして彼の養生の理論―医術の哲学を挙げうるのではないかと思う。彼の養生論ないしは医学の理論が、中国のそれを継承するものであることは既に述べた。ところで中国の養生論ないしは医学の理論は、『易』の陰陽の哲学と『荘子』の気の哲学をその根底におく。そして『易』の陰陽の哲学もまた一種の気の哲学であり、『荘子』のそれと共に気一元論的な性格を強くもつ。そこでは「理」は「気」の中にこそ存在するのであり、「気」を離れて「道」は考えられない。益軒も梅園も『養生訓』の中で繰り返し強調しているように、養生の根本は「元気」を養うことにあるのであり、元気とは『荘子』のいわゆる「聚《あつ》まれば則ち生となり、散ずれば則ち死となる」「天地の一気」、『易』にいわゆる「両儀（天地陰陽の二気）を生ずる」「太極」にほかならない。このことは梅園の『元炁《げんき》論』（「炁」は「気」と同じ）を見ればいっそう明確となるであろう。梅園の一元気の哲学もまた『易』と『荘子』から導かれたものであるが、その彼はまた医術・解剖学に切実な関心をもち、婦人観臓説や連骨図を自らの著書『造物余譚』の中に収めている。彼はまた益軒とは異なって洋書の解禁（享保五年、一七二〇）以後に学者として活動し、長崎を訪れ、西洋の科学とも接触をもつ。十七世紀の初頭、マテオ・リッチが朱子学の「無極にして太極」なる「理」を虚妄として批判した思考を（『天主実義』上巻）、彼もまた己れの思考の中に取り入れるのである。

　益軒と梅園と、その朱子学的な宇宙論―理気二元論からの離脱の仕方はやや異なるが、その離脱に養生の理論がてことして働いている点は共通しているのである。

三浦梅園と『荘子』と陶弘景

㈠

三浦梅園は、私の郷里である中津の町から直線距離にして四十キロ余り、国東半島の両子《ふたご》山南麓、富永村〔西武蔵村〕の生まれである。富永村は豊後の国に属し、中津の町は豊前の国に属するから、いわゆる〝お国〟は異なるわけであるが、明治以後は同じく大分県に属している。

私が旧制の大分県立中津中学校に入学した昭和六年の頃、大分県の六大偉人として福沢諭吉、広瀬淡窓、三浦梅園、帆足万里、田能村竹田、広瀬武夫が選ばれ、それぞれの偉人の偉大さについて一年に数回、教諭の先生たちが順番に解説するという講演会が催されていた。この講演会を企画されたのは、先年、福岡市に退休されていて歿くなられた当時の中津中学校長、今村邦夫先生ではなかったかと推測されるが、講演は全校生徒が講堂で威儀を正して拝聴するといったおごそかな雰囲気のものであった。私が三浦梅園の学問について多少の知識を得たのは、そのときが初めてであったが、講演の聴き方が良くなかったのか、それほどの感動を受けた記憶もなく、梅園の偉大さについても良くは理解できなかった。

京都大学に入学して中国哲学史を専攻した私は、卒業論文に「荘周の遊について」を書いたが、そのとき岡松甕谷《おうこく》の『荘子考』がすぐれた『荘子』の注釈書であることを初めて知った。しかし甕谷が帆足万里の高弟であり、万里の郷里日出町に近い豊後高田の出身者（墓の所在地は日出町）であることは迂闊にもまだ知らなかった。甕谷が明治維新直後の昌平黌の教授であり、当時の漢学の第一人者であったことを知ったのは、その漢学の弟子中江兆民が『一年有半』のなかで「近時における漢文唯一の大家である」と激賞しているのを読んでからであった。いうまでもなく甕谷の師帆足万里にも『荘子解』の著述がある。江戸末期、明治初期において、大分県の県北の地は当時における荘子学の最も高い学問的水準の保持されていた地域と見てよいであろう。

㈡

帆足万里（一七七八―一八五二）十一歳のときに歿している三浦梅園（一七二三―八九）がまた『荘子』の文章を熟読し、その思想に鋭い理解をもっていたことは、漢文和文で書かれた厖大な量におよぶ彼の著作の各所に確認することができる。たとえば彼の主著『玄語』の初期の構想を略述したといわれる三十一歳ごろの著作『垂綸子《すいりんし》』のなかに、

「結びて物と為るは、気の聚まれるなり。聚まれば則ち形布《し》き、形布けば則ち其の気有り。聚まるものは必ず散じ、散ずるものは必ず解け、解くるものは必ず化す。聚まり生ずるを生と曰い、散じ化するを死と曰う。……死生を知らざれば事物に通ぜず」。

と述べて、『荘子』知北遊篇の「人の生は気の聚まりなり。聚まれば則ち生と為り、散ずれば則ち死と為る。……故に曰く、天下の一気を通ずるのみ」をふまえる思考を展開させ、また、三十五歳のときの未定稿といわれる『死生譚』のなかに、

「それ養生に、おくれたるに鞭つといふ事あり、後《おく》れたるにむちうつとは、羊を牧するに、後れたるにはむちうち、さきに及《およば》しむるなり。魯の単豹《ぜんぴょう》は巌居水飲して其内を養ひしかども、外のまもりわすれて虎のためにくわれし、張毅は門を高く薄《すだれ》をかけて外の衛《まもり》をなせしかども、内を養うこと知らず、内熱の病を発して死せり。これみな後れたるもののために身を亡《ほろぼ》せり」。

と述べて、『荘子』達生篇の「善く生を養う者は、羊を牧するが若《ごと》く然り。其の後れたるものを視て之に鞭つ。……魯に単豹なる者有り、巌居して水飲し、民と利を共にせず。行年七十にして猶お嬰児の色有り。不幸にして餓虎に遇い、餓虎殺して之を食う。張毅なる者有り、門を高くし薄を懸けて走《ゆ》かざる無し。行年四十にして内熱の病有りて以て死す。……此の二子は、後れたるに鞭たざりし者なり」を、ほとんどそのまま引用し、生を養う秘訣としているのなどがそれである（五十六歳のときに成った『養生訓』にも『荘子』の同じ文章が引かれている）。

あるいはまた、梅園が三十四歳のときから六十七歳の歿年に至るまで、稿を換えること十五たびといわれる『贅語』身生帙のなかで「禱祠」のことを論じ、その冒頭に、

「其の始めを察するに本《もと》生無し。芒芴《ぼうこつ》の間に気以て生に之《ゆ》き、生また死に之《ゆ》く。是《こ》れ相与《とも》に春秋冬夏四時の行《あゆみ》を為すなり。此の人未だ有らず、誰か其れ之を憂えんや。偃然《えんぜん》として牀に寝るなり。乃ち向《さき》に此の人無きの時と同じ。何を以てか嗷嗷《きょうきょう》然として随いて之に哭せん。生者に損有

りて死者に益無し、と。此の論は豈に否《しからざ》らんや」。
と述べて、『荘子』至楽篇の「其の始めを察するに本《もと》生無し。徒《ただ》に生無きのみにあらず本《もと》形無し。徒に形無きのみにあらず本《もと》気無し。芒芴の間に襍《まじわ》り、変じて気有り、気変じて形有り、形変じて生有り、今また変じて死に之《ゆ》く。是《こ》れ相与《とも》に春秋冬夏四時の行を為すなり。人且《まさ》に偃然として巨室に寝んとす。而るに我れ噭噭《きょうきょう》然として随いて之に哭すれば、自ら以て命に通ぜずと為す。故に止むるなり」という「一気」の哲学を積極的に肯定し、また、その晩年にみずから同調の士を以て許したという多賀墨卿に与えて、自己の学問思想の根本的な立場を語った書簡のなかで、

「天地を知るは我私の意を入れず、あるままに天地に従ひて天地を師とするにしくはなく候。……自得にしくはなく候。是《ぜ》も一無窮、非もまた一無窮、無窮の間に遊ぶことに候」。

といい、『荘子』の「天（地）を師とす」（秋水篇）、「天地の間に逍遙して心意は自得す」（譲王篇）、「彼と是《これ》と其の偶を得る莫き、之を道枢と謂う。枢始めて其の環中を得て以て無窮に応ず。是《ぜ》もまた一無窮、非もまた一無窮なり」（斉物論篇）、「天地の正に乗じて六気の変に御し、以て無窮に遊ぶ者は、彼且《は》た悪《いずく》にか待たんや」（逍遙遊篇）などの文章表現と思想をふまえた造物者を友とする「遊」の哲学を強調しているのがそれである。

梅園と『荘子』との密接な関係は、このほか五十六歳のときの未定稿『通語』の冒頭に、

「天地に観るとは、之を天地に観て而る後に人に及ぼすなり。……夫れ天は無意にして為し、無為にして成る。……我を生じ我を育て、我を立て居らしめ、我を老いしめ、我を終えしむるは是《これ》なり」。

といい、五十三歳のときに完成したという『玄語』の「例旨」のなかに、

「已《すで》に条理の帰する所を得れば、四肢百体、其の統ぶる所を得て其の分るる所を知る。刀を奏《すす》むること騞《かく》然として肯綮自ら分る。族《むらがり》の為め難きに至ると雖も而も視ること止まり、行くこと遅く、謋《かく》然として解く」。

また、

「書と図とは皆贅疣《ぜいゆう》にして、姑《しば》らく魚兎のために筌蹄を設くるのみ。故に此の書を読む者は、天に観て誤り有らば則ち宜しく之を舎《す》つべし」。

といっていることなどによっても知られる。文中の「天地に観る」は、『荘子』知北遊篇の「天地の美を原《たず》ねて万物の理に達す。……天地に観るの謂いなり」をふまえ、「無意にして為し、無為にして成る」は、いうまでもなく老荘的な思想表現。「我を生じ我を育て……我を老いしめ我を終えしむ」も『荘子』大宗師篇の「大塊は我を載するに形を以てし、我を労せしむるに生を以てし、我を佚《やす》んずるに老を以てし、我を息《いこ》わしむるに死を以てす」をもじった表現であり、また「刀を奏むること騞然」以下「謋然として解く」までも『荘子』養生主篇の文章。さらに「魚兎筌蹄」は同じく外物篇「筌は魚を在《とら》える所以、魚を得て筌を忘る。蹄は兎を在える所以、兎を得て蹄を忘る。言は意を在える所以、意を得て言を忘る」に基づく。

梅園の「人は諸《これ》を古《いにしえ》に聞き、諸《これ》を書に得れば便《たやす》く言うも、晋《われ》は則ち全くは信ずる能わず」、「惟《た》だ天地と合することを求め、之を是非するに天地を以てし、之を取捨するに天地を以てする」(『玄語』例旨)「一元気の玄」(『垂綸子』、また『玄語』例旨附言)の哲学は、「世のひとの貴ぶ所の書を古

人の糟魄とし」（天道篇）、「六経を先王の陳迹として」（天運篇）、「独り天地の精神と往来する」（天下篇）、『荘子』の「天地の一気に遊ぶ」（大宗師篇）「玄」の哲学とその思想的立脚地を共通にする。

もともと中国の思想の歴史において、人間の存在を広大な宇宙空間のなかに位置づけ、自己の生存の根拠ないしはこの世界の始まりを切実な「学」の問題とする〝天地の哲学〟を最初に内的な思惟の対象としたのは、老荘の学であった。孔子を始祖とする儒家の学は、学としては老荘の学に先行するけれども、その儒家の説く「道」は要するに「先王の道」であり、「君子の道」であり、「孝弟忠恕の道」であった。つまり人間の生き方と人間の社会の在り方とを切実な問題とする政治倫理の学であり、人間の生きてあることそのもの、人間の存在を含む天地万物の生成死滅の根拠、その根源にある条理を究め問おうとするものではなかった。儒家の『易』の哲学は、その条理を究め問おうとする〝天地の哲学〟としての性格を顕著にもつが、それは老荘の〝天地の哲学〟に刺激されて起った儒家の学の後次的な展開にほかならない。梅園の〝天地の哲学〟は、この『易』の哲学にも多くを負うているが、より本来的には「一元気の玄」もしくはその主著『玄語』の「玄」が端的に示しているように、むしろ老荘の「玄」の哲学にその源流をもつと見るべきであろう。そして梅園が他の多くの中国古典とともに『荘子』を熟読し、その思想なかんずく天地の一気に遊ぶ「玄」の哲学に鋭い理解を示している点に、帆足万里やその高弟岡松甕谷らと風土的地縁的につながる県北の荘子学の先駆者としての地位と役割が認定される。

㈢

ところで梅園の学問思想について私がかねがね気がかりに思い、これまでの梅園研究者がまた、ほとんどそのことに言及していない一つの事実がある。それは梅園が六世紀の中国の思想家陶弘景（四五六—五三六）および四世紀の『易』学者韓康伯（三三二—三八〇）の崇拝者であったということである。

梅園の長子黄鶴の『先府君攣《れんざん》山先生行状』によると、梅園は「嘗て陶弘景と韓康伯の人と為りを慕っていた」という。韓康伯というのは、中国の東晋時代における『易』繋辞伝の注釈者であり（『隋書』経籍志に著録。現存）、その言行逸話は『世説新語』の各篇に、また伝記は『晋書』巻七十五に載せられている。梅園が韓康伯の人と為りを慕ったというのは、『易』繋辞伝のすぐれた注釈者であり、「清和にして思理〔論理的思考力〕有り、心を文芸に留め」、「世の澄ます能わざる所を澄まし、世の裁く能わざる所を裁いた」（『晋書』本伝）という、その学問的才能と人物器量のためであろう。あるいは、この韓康伯が数歳のとき、「アイロンのなかに火があれば、アイロンの柄《にぎり》も温くなる。それと同じく襦袢を着ただけで下半身も温まるのですからズボンは買って要りません」（『世説新語』夙恵篇。『晋書』本伝）といって貧しい母親を慰めたという逸話の持ち主であったことが、その関心を強く引いたのであろうか。梅園にもまた八歳のとき、家に所蔵していた近江八景の屛風の夜雨の図を「目の寓する所を景と曰う。暗黒のうち豈に馳望すべけんや」と批評して人々に舌を巻かせたという幼時期の論理的な頭脳の明快さを示す逸話がある（『行状』）。

『易』の哲学に深い造詣をもつ梅園が、『易』の哲学のすぐれた注釈者韓康伯を慕っていたというのはいちおう理解されることであるが、陶弘景を慕っていたというのは、その理由をどのように理解すればよいのか。

陶弘景というのは、中国の民族宗教である道教の天師〔導師〕として、宗教思想史の上で重要な地位を占める人物である。道教は人間が不老不死の神仙となって昇天することをその究極の理想として説く。その昇天する不老不死の神仙が黄鶴に乗るという伝説は、陶弘景の梁の時代において既に成立しており(『南斉書』州郡志「郢州」の条に仙人子安の伝説を載せているのを参照)、また、昇天の日にそなえて山中の洞窟で神仙としての修業を積んでいる者を洞仙という。梅園みずから洞仙と号し(『行状』)、また、その四十二歳のときに生まれた己れの長男に黄鶴と命名しているのも(同上)、彼が道教の神仙世界にある種の憧憬をもち、したがって神仙の教の導師である陶弘景に敬慕の念を抱いていたことを十分に推測させる。陶弘景の棲む茅山の句曲の山も、「洞仙の館」とよばれているのである(『真誥』稽神枢第一)。

梅園はまた、道教の神仙世界と密接な関連をもつ西王母の画像にも賛を書いている(『梅園全集』上巻の遺墨の写真)。梅園の家庭生活は必ずしも順調ではなかったようである。最初に結婚した女性西氏も二度目に結婚した女性渡辺氏も「故有って皆去った」と記されており(『行状』)、三度目に迎えた妻寺島氏は「先に没す」と記されていることから、恐らく病身であったのであろう。そのような結婚生活の幾たびかの挫折が梅園に不老不死の女性の神仙西王母に対する憧憬を強く抱かせた事情もまた十分考えられる。

道教の神仙は天地の無窮に遊ぶ不老不死の存在であるが、「無窮に遊ぶ」という表現は、上述のように梅園もまた多賀墨卿に与える書簡の中で自己の哲学の根本的な立場を説明する言葉として用いており、それはまた天地の間に逍遥する荘子的な自由人のとらわれなき境地を説明する言葉でもあった（上に引いた『荘子』逍遥遊篇の「六気の変に御し、以て無窮に遊ぶ云々」を参照）。陶弘景がまた『荘子』内篇を「義は玄任の境を窮め……以て万象を包括し、幽明を体具するに足る仙書」として絶賛し、最高の思想的な評価を与えている事実（『真誥』翼真検第一）をもわれわれはここで想起しておきたい。

梅園が陶弘景を慕ったといわれることの理由として、われわれはまず、陶弘景が神仙として天地の無窮に遊ぶことを教える道教の天師であった事情を考えることができるであろう。

陶弘景はしかし、単なる信仰としての神仙を説く観念的な宗教家に止まるものではなかった。彼は神仙の不老不死を道教の究極的な理想として説くとともに、現実の人間の不老長生を実現するために医薬医学を研究し、中国における本草医学の確立者となっている。彼が「茅山の巌嶺の上に在りて、吐納〔道教の呼吸調整術の修行〕の余暇を以て頗る意を方技〔医術〕に遊ばしめ、本草の薬性を覧て以て聖人の心を尽くすと為し、故に撰して之を論ず」という『本草経注』を著述していること（『陶隠居集』）、また「生民の大患と為す所は、疾疹より急なるは莫し。疾疹にして治めざれば、猶お火を救わんとして而も水を以てせざるがごとし」と序する『肘後《ちゅうご》百一方』を著述し（『芸文類聚』巻七五。「肘後」は救急、備急の意）、そのほか『効験施用薬方』、『服雲母諸石方』、『服食草木雜薬法』、『断穀秘法』、『消除三尸要法』など多数の医療薬学の書を著述していることも（『陶隠居内伝』）、梅園がまた「その祖父の業に背かずに医を業とし」(『行状』)、医説、神気説、疫説、痘説、痰説、溺説、味説、肌羞説などから成る『身生余談』、一種の解剖医学書である『造物余譚』、「人をして寿域に上らしめる」ために書いたという『養生訓』などの著述を多くもっていることと共通する。「洞仙」「黄鶴」と関連する医学、長生の術においても、陶弘景は梅園の慕うに価する人物であったのである。

陶弘景はまた天文学に関しても優に一家を成す碩学であった。『梁書』の陶弘景伝に、「性、著述を好んで奇異を尚《たつと》び、光景を顧惜して老いて弥《いよ》いよ篤し」と記されている好学の陶弘景は、「尤《とりわ》け陰陽五行、風角星算、山川地理、方図産物、医術本草に明らか」であったが、とくに星算の術には深い造詣をもち、それも自ら「渾天象《こんてんしょう》」を造るという実験的な天文学であった。『南史』の陶弘景伝によると、彼が天文観測のため造った渾天象は、「高さ三尺ばかりで、地は中央に居り、天は転じて地は動かず、機を以て動かす」機械仕掛のものであったといい、梁の陶翊の『華陽隠居先生本起録』によると、その渾天像には二十八宿の度数や七曜〔日月五星〕の行道、昏明に中する星〔宵と暁に中天に位置する星〕、見伏の早晩〔出没の時刻〕などが装置されてあり、機械の仕掛を動かすとぴったり天象と一致したという。

また同じく『南史』の陶弘景伝によると、弘景は自己の暦算学の知識を駆使して、漢暦による熹平三年(西暦一七四年)の冬至の時刻が実際の天象より二日と十二刻遅れていることを計算したといい、さらに『本起録』によれば「流水に因って〔水力を利用して〕自然の漏刻《とけい》を作り、その水時計は十二時を循環自転して守視《みはり》を必要としない」自動式のものであったという(麦谷邦夫「陶弘景年譜考略」参照)。

陶弘景の造った渾天象は、「道を修むるに須《もち》うる所、止《ただ》に史官〔天文観測台の役人〕の是《これ》を用うるのみに非ず」といい(『梁書』陶弘景伝)、純粋に科学的な探究心に導かれたというよりも宗教的な修道の動機に出るものであったが、上述の高度に数学を駆使した暦計算や自動装置の精巧な水時計の製作などと併せて、彼の科学者としての知識や技術の水準がなみなみならぬものであったことを実証する。その彼はまた「書を読むこと万余巻、一事知らざれば以て深き恥と為し」(『南史』本伝)、「墳典を発揮し、百家(の学)に游泳し、天地星辰の文を窮め、陰陽亀筮の術を究める」(『陶隠居内伝』)知識欲と探求心の極めて旺盛な学者であったが、一方また梅園も、みずからの手で天球儀を作り(『梅園全集』上巻に載せる自製簡天儀の写真を参照)、天文暦数の学にも詳しく、『贅語』天地帙では「日月」「辰体」「星辰」などについて特にそれぞれ一章を設け、同じく陰陽帙では「暦数」の章を設けて、和漢梵にわたる暦数の学を詳細に論評している。そして「天は動いて変ずるの体なり。而して其の行《あゆみ》は則ち整斉。悠遠にして天転じ象運《めぐ》り、日交月食し、昼夜は度を定め、冬夏は気を序す。地は静にして定まるの体なり。而して其の行は則ち錯綜。倏忽《しゅくこつ》として風起り雨至り、霖旱は常ならず、陰晴は定まること無し」といい、また「宇宙は気なり、天地は物なり。気は天を剖《さ》き、物は性体を分つ。天機すでに分れて宇宙は転持して相成し、性体すでに分れて天地水火ならび立つ」などという『玄語』(本宗)の天地条理の「玄」の哲学も、これら天文暦数の学をふまえて実証的に思索が展開されているのである。

「読書著述の業に於て、汲汲孳孳、燭《ともしび》以て晷《ひる》に継ぎ」(『行状』)、条理のいまだ尽くされざるを以て深き恥とした梅園は、天文暦数の学に対しても強い関心と造詣をもち、それを自己の「一元気の玄」の哲学の根底に置いている点でも陶弘景と共通しているのである。

医学薬学や天文暦数の学に深い造詣をもち、「天地の無窮に遊ぶ」超越者「神仙」を道教の究極的な理想として説く「洞仙」の陶弘景はまた、『荘子』の一気の哲学と『易』の陰陽の哲学とを結合し、『老子』の説く「道」と『易』の説く「太極」を折衷した「元気」の宇宙生成論を説くことにおいて、遠く梅園の「一元気の玄」の条理学の先駆をなす。陶弘景が『真誥』甄命授《けんめいじゅ》第一で、

「道は混然として是れ元気を生ず。元気成りて然る後に太極有り。太極は則ち天地の父母、道の奥なり。故に道に大帰有り、是を素真と為す。故に道に非ざれば以て真を為す無く、真に非ればば以て道を成す無し。道成らざれば其の素安《な》んぞ見るべけんや。是を以て大帰と為すなり。見て之を妙と謂い、成りて之を道と謂い、用いて之を性と謂う。性は道に与《あずか》るの体、体は道に至るを好む。道これをして然らしむるなり」。

といっているのがそれであり、梅園もまた「一元気の玄」とともに「気物の体と性」を説く。たとえば『玄語』立部の「体用」篇で、

「精なる天、麁《そ》なる地は、混成の大物なり。一陰一陽は混成の一気なり。一なれば大を羸《あま》さず、大なれば則ち一を遺《のこ》す莫し。一を以て二と為すが故に大物は没露《かくれあらわ》れて天地を分ち、一一相合す。故に一気は絪縕《いんうん》して陰陽を見《あらわ》す。天地陰陽は、其の〝成す〟の具なり、気物体性は其の〝為る〟の具なり。体は物を天地に託し、性は態を分合に為す。性は体を具え、体は性を用う」。

といい、『贅語』陰陽帙の余論第一で、

「一は物の性とする所、具《そな》えて全く、混成して罅縫無きを以て其の貌と為す。二は物の体する所、剖《さ》かれて対し、粲立《さんりつ》して条理有るを以て其の貌と為す。……性は体中に隠れ、体は物中に分る」。

といっているのなどがそれである。

陶弘景の『老子』と『易』の哲学を折衷した宇宙生成論—天地条理の学—は、西暦七世紀、唐代の儒学者孔穎達《くようだつ》らに継承されて『易』繋辞伝上の「易に太極有り、是れ両儀を生ず」を、

「太極とは天地未分の前を謂う。元気混じて一たり。即ち是れ太初、太一なり。故に老子の云わゆる〃道は一を生ず〃とは、即ち此の太極是れなり。また混元すでに分るれば即ち天地有りと謂うが故に〃太極、両儀を生ず〃と曰う。即ち老子の云わゆる〃一は二を生ずる〃なり。天地と言わずして両儀と言うは、其の物体を指し、下、四象と相対す。故に両儀と曰う」。

と解釈する『老子』の「道」と一体化された易学を生み、さらにそれを『荘子』の一気—気の聚散—の哲学と結合する宋明以後の儒道折衷的な易学へと展開してゆく。梅園の「一元気の玄」の哲学は、陶弘景を先駆とする六朝隋唐期における道教の元気の哲学とも密接につながっているのである。

もちろん梅園は十八世紀の日本の思想家であり、直接に陶弘景の学問思想を師として学んだものではない。彼における中国学は主として十六、七世紀、明代清初の儒学道学、医学薬学、天文暦数の学などを学び、さらに長崎を通じて新しくオランダの学術にも接触している。梅園は自己の天地条理の学を構築する過程で、思想家、科学者としての陶弘景に対しては、それほど重きを置いていなかったという可能性さえ考えられる。とはいえ陶弘景の『荘子』『老子』や『易』に基づく一元

気の哲学が、彼の医学薬学や天文暦数の学とまた密接不可分の関連をもち、その一元気の哲学がまたさらに唐代道教の一元気の哲学ないしは医学薬学、天文暦数の学を経由して、宋明以後のいわゆる気の哲学の展開基盤をなしている事実に注目すれば、たとい間接的ではあるにせよ、梅園の一元気の哲学と陶弘景のそれとの間に一つの思想的系譜を考えることは十分に可能である。

およそ思想ないし思想家には、その形成に伝統的・下部構造的なもの、すなわち人間の身体に譬えれば下半身的なものと、独創的・個性的なもの、すなわち上半身的なものとが考えられる。独創的・個性的なものは伝統的・下部構造的なものをふまえて形成されているのであり、上半身的なものは下半身的なものなくしては強靱な活力を期待しがたい。梅園の構想雄大な天地条理の学においても、陶弘景の学問思想は、その下半身的な役割を果たしていると見ることができるであろう。少なくとも梅園の天地の無窮に遊ぶ「一元気の玄」の哲学は、その思想的基盤と精神的風土とを遠く陶弘景の玄に遊ぶ哲学にもつと見ることができる。そして、このことを有力に裏づけるのは、梅園と陶弘景とに共通する「洞仙」の思想―山中無事の其の志を高尚にする隠士としての生活態度である。

梅園は、その二十五歳のとき、玖珠《くす》侯に仕官を求められて、「朝に孖渓《しけい》の水を飲み、夕に孖山の雲に臥せば、晋《われ》に於てか足れり」と答えたという(『行状』および『年表』)。彼はまた自ら「無事斎主人」「二子山人」と称し、六十歳のとき久留米侯に招聘されて、「樵蹊は世間と通ぜず、東山に高臥すること謝公〔東晋の謝安〕に異なる。烟霞を占得して吾已《すで》に老いたり、清風に鶴は唳《な》く白雲の中」と答えている。詩中の「白雲」の語は、「鶴」とともに神仙もしくは山中に志を高尚にする者を象徴する言葉である。

その梅園が「嘗て其の人と為りを慕った」という陶弘景は、若くして生を養うの志有り、性、山水を愛して、茅山の山中に隠棲し、梁の武帝の再三の招聘をも謝絶している（『梁書』本伝）。彼は梅園が梅を愛して処士の矜持のシンボルとしたように、松を愛して庭院には皆松を植え、松風の響に耳を傾けることを何よりも欣んだという（同上）。その「隠居」陶弘景には「無形に寂寞に反《かえ》る」山中の隠士の生活を讃美した名文『尋山誌』の著作がある。

「世情の撓《たわ》み易きに倦み、乃ち策《つえ》を杖ついて山を尋ねたり。既に幽《かそ》けきに沿いて以て峻《さが》しきに達し、実に阻《けわ》しきを窮めて難《かた》きを備《つぶさ》にす。眇《びょう》として心を遊ばしむること其れ未だ已《や》まず、方《まさ》に夕に雲根《いわお》に際《あ》えり。夫《か》の志を得たる者の形を忘れ、形を遺《わす》るる者の神《しん》の存するを欣ぶ」。

「時に復《ま》た近き巃《おか》を歴《へ》て遠き壑《たに》を尋ね、磐石に坐して平原を望む。日は嶂《みね》を負うて以て共に隠れ、月は雲を披《ひら》いて山に出づ。風は松に下りて曲《しらべ》を含み、泉は石を縈《めぐ》りて文《あや》を生ず」。

「玄は遠しと雖も其れ必ず存し、累は大として忘れざるは無し。害馬の弊は既に去り、解牛の刀は乃ち王《さかん》なり（「害馬」「解牛」は、ともに『荘子』の語）。物我の情は均《ひと》しと雖も、因りて以て吾の尚《たっと》ぶ所を済《な》す」。

ここでは深山の洞仙として「玄」の世界に「心を遊ばせ」「解牛の刀は乃ち王なる」陶弘景の山中の生活が如実に描かれている。そして「朝には孖渓の水を飲み、夕には孖山の雲に臥す」とうそぶき、「清風に鶴は唳《な》く、白雲の中」と歌う梅園の両子《ふたご》山麓における洞仙としての生活もまた、このような「玄の世界に心を遊ばせ」「牛を解くの刀は乃ち王なる」脱俗の明け暮れであった。彼が山麓の「一元気の玄」に遊ぶ己れの生活を説明して、「天地に観て」、「無窮の間に遊ぶことに候」といい（上に引いた『通語』および『与多賀墨卿書』の言葉）、「牛を解く刀を奏《すす》むること騞《かく》然として肯綮おのずから分る」（上に引いた『玄語』例旨の言葉）といっているのなどが、そのことを何よりも端的に示すであろう。

梅園が慕ったという梁の陶弘景の「人と為り」とは、「其の志節を高くし」（『梁書』本伝）、「朝には山の水を飲み、夕には山の雲に臥し」、「一事知らざれば以て深き恥と為して書を読むこと万余巻」、「雲鶴」のごとく心を「玄」の世界に遊ばせ、「牛を解く刀の乃ち王なる」がごとく天地無窮の条理を究め明らかにしてゆく洞仙としての博大な人格であった。

三浦梅園と道教

本日の私の講演のテーマは「三浦梅園と道教」となっております。じつは私は梅園全集を所持してはいるものの、全部を熟読してはおらず、自分の関心のある部分を拾い読みした程度なのです。研究者である限り、その思想家の書いた著作は全部読んだ上で見解を発表するというのが当然の義務だろうと思います。しかし私はこの当然の義務を果していないわけですから、梅園がもし地下で私の話を聞いているとしたら、あいつは厚かましい奴だと笑うか、あるいは恥知らずだと怒るかもしれません。ただ、私は旧制の中学校までは大分県の中津に住んでおり、梅園とはいわば同県人でありますから、そういう地縁に免じて梅園もあるいは許してくれるかもしれません。

それはともかく、私が本日ここで梅園についてお話しようという気になりましたのは、梅園の思想を理解する場合に、中国の老荘、道教の宗教哲学との関係を考えてみたらどうであろうかと思ったからであります。梅園についてはこれまでもすぐれた研究が出されていますが、道教とのかかわりで梅園を論じた研究は私の知る限りではほとんどないようです。私は梅園の研究については全くの素人ですが、道教の宗教哲学については、多少責任をもったお話ができるかと思います。

(一)

ところで道教と申しますと、だいたい日本では低俗な迷信の宗教だと考える人がかなり多いのではないでしょうか。事実、民国以後の中国では、道教はたいへん低俗な様相を呈していました。これは革命以後の中国でも同じで、道教寺院は、「重点文物保護単位」―重要文化財としての国家の指定―に洩れたものは荒れ放題ですし、文化財として保護されている道教寺院も、多くは労働者のレストハウスと一緒にされているというのが現状です。革命前、私が中国にいた頃には、道教寺院はレプラ患者の収容所か売春宿に使われているのが殆どという実情でして、そういう姿を日本からの旅行者が見ると、道教は全く低俗な宗教なのだと考えてしまうのも無理はありません。

しかしながら、道教は中国の思想の歴史の中ではたいへん重要な役割を果してきています。特に西暦五世紀から十世紀ごろまで、北魏や唐の時代には、道教は国教であったのです。ご承知のように、唐代では詩人李白や顔真卿という書芸術の第一人者、さかのぼって六朝の時代には王羲之もまた、道教の熱烈な信奉者でありました。そのように五世紀から十世紀の間に道教は中国思想史の中で黄金時代を迎えたのですが、その当時の道教は、中国の仏教哲学に対抗する高度の宗教哲学を持っていました。唐代の中国仏教も道教と同じく黄金時代を迎えていたのですが、唐代の中国仏教の教理学を一言で特徴づけますと、「理」の哲学ということができると思います。そのことは、唐代仏教の華厳学では理事無礙の哲学、あるいは理法界が強調せられ、あるいは華厳の宗密が仏教を

「性と理」の哲学として強調していることなどからも判ります（拙稿「儒仏道三教交渉における気の概念」—『気の思想』一九七九年東大出版会—参照）。

「理」の哲学としての仏教に対して、唐代の道教は「気」の哲学をいちおう教理的に完成するわけです。十一世紀以後のいわゆる宋明の儒学と呼ばれているもの—その代表者は二程、朱子、陸象山、王陽明など—これらはいわゆる「理気」の哲学ですが、その「理気」の哲学というのは、いま申しました唐代の「理」の哲学としての仏教学と「気」の哲学としての道教学とをふまえて出てきたものです。この指摘はいままであまりなされてはいないのではないかと思います。しかし私としては中国思想史の大きな文脈のなかで、そういうふうに道教の宗教哲学というものを「気」の哲学として特徴づけたいと思っております。

梅園が長男の黄鶴に語ったという、「私がつねにそのひととなりを慕っているのは陶弘景と韓康伯である」という言葉が、黄鶴の書いた『先府君孿《れん》山先生行状』という文章に見えているのですが、ここでいう陶弘景とは、六世紀の中国における道教の教団の最高指導者—天師でした。その陶弘景以後の多くの唐代の道教の指導者たちを含めて、いまいったような「気」の哲学がいちおう完成されてゆくという思想史の事実に私は注目したいと思います。

唐代に「気」の哲学としていちおう完成された道教の宗教哲学について、私は次の三つの点について特に認識を新たにしたいと考えます。

第一は、唐代の道教が宗教哲学として、「気」の哲学、「元気《げんき》」の哲学、あるいは「一元気」の哲学をいちおう完成しているということです。梅園は『元炁《げんき》論』という著作を書いていますが、それと題名も同じ、内容もかなり共通する著作が、既に唐代に道教の道士によって書かれています。元炁の「炁」は今日われわれが使う「気」という文字の古い形で、意味は全く同じものです。

第二の点は、この道教の元気の哲学、一元気の哲学を理論の根底に置く科学技術がこの時代に開発されているという点であります。道教の重要な要素として科学技術があり、その中心は天体観測、天文学です。これは何故かといえば、道教が天文学を基礎にして占星術を行なっていくからです。道教の宗教哲学では人間存在を全宇宙空間に位置づけますから、天体の運行と人間の生活条件との関係を非常に重要視します。そういうことで天体観測が重んぜられ、そのための技術が要求されます。まず基礎学として数学があります。道士すなわち道教の僧侶にとって数学は必修科目です。数学を基礎にして、天体観測を中心にした天文学が一方にあり、もう一方では錬金術があります。錬金術を中心にした物理学や化学がまた道士の必修科目とされます。このように道教は科学技術と密接に結びついていました。この点は既にイギリス、ケンブリッジ大学のニーダム博士が『中国の科学と文明』という大著で詳細に紹介されています。中国の科学技術の展開に果した道教の役割は、道教の教理学を理解する上でも重要な意味を持ちます。

第三の点は、同じく元気の哲学と関連して、中国の医学、薬学、とくに医学理論とその実践に、道教が大きな役割を果していたということ。中国の医学は、後で申しますけれども道教医学であるといってもいい過ぎではありません。このことは、先ほどの道教の天師、陶弘景が、中国の本草医学の元祖であった、少なくとも学問的な研究の創始者であったことを思い出すだけでも、容易に理解できます。

では何故、道教が医学と結びつくのか。これは考えてみれば至極当然でありまして、道教とはもともと、人間が神仙になる、肉体を持った永遠の生命を実現することを説く宗教なんですね。キリスト教や仏教も永遠の生命を説きますけれども、肉体を持った永遠の生命という発想はほとんどありません。しかし道教の場合は、肉体を除外しては永遠の生命を考えられないという立場に徹底します。道教の最も理想とするところは、不老不死、不老長寿であり、その実現のためにあらゆる努力を払ってゆく。不老長寿の実現ということは、すべての医学の本質的な課題です。現代の医学においても、不老長寿といえば言葉は古いんですが、その内容を一言でいえば、やはり何らかの形の不老長寿を実現することが究極的な目的であり、西洋医学にしろ中国医学にしろ、不老長寿の実現を目的としているという点は全く同じだろうと思います。ですから道教は、宗教と医学を結合したものという見方もできる。少なくとも医学と密接に結びついていると考えていかないと、東アジアの綜合的な文明史の把握が十分でなくなります。

三浦梅園は儒学者でしたが、平安、室町期からずっと、儒学者が儒学だけで飯が喰えるという人はごく少数でして、大部分は、梅園もそうだったように、建前は儒学者ですが、実際には生活の手段として医者を兼業していました。儒医と申しましても、その医学は実際には中国医学です。少なくとも江戸時代においては、中国医学が基盤であって、それをもとにしてオランダ医学、西洋医学を学ぶというケースはありましたけれども、基盤的には中国医学であり、そして中国医学というのは先ほどから申しますように道教医学なんですね。その中国医学の理論あるいは臨床面のいろんな処置ができるためには、道教の宗教哲学を、道教という既成の宗教の信者になるとかならないとかは別にして、いちおうの理解教養は持たなければなりませんでした。

明治以後、日本の文明がヨーロッパにスイッチ・チェンジされてからは、そういった事実は忘れられていますけれども、そのような思想史の過去の流れをおさえておかないと、梅園の気の哲学も十分に理解することができません。梅園だけではなくて安藤昌益もそうですね。昌益も医業を兼ねていたわけです。それから貝原益軒が、晩年には『大疑録』、つまり朱子学に対する大いなる疑いの書を書くのですが、何故こういうものを書いたのか、それは私の見解によれば、益軒が医学をかなり努力して勉強していたことと無関係ではないと思います。また、十七世紀にポルトガルからイエズス会の宣教師が中国にやってきて、キリスト教を宣伝するために教理論争をやりますが、その相手というのは「理」の哲学としての仏教と、「気」よりも「理」に重点を置く朱子学でした。これらを批判してマテオ・リッチは『天主実義』を書きますが、天主という語が本来道教の用語であることからも知られますように、道教は批判の対象とされておらず、このことは道教が本質的に気の哲学であり、その医学の根底に気の哲学が置かれていることと無関係ではないと考えます。

以上三点を、道教を考える場合に特に注目しておきたい。そしてこのような道教が、梅園の「玄」の哲学、あるいは一元気の哲学と密接な関係を持っているように思います。そのことは前に書きました「三浦梅園と『荘子』と陶弘景」（本書所収）という論文でも具体的に触れておきました。

(二)

つぎに、梅園と道教との関係を考えるために、道教の気の哲学がどういうふうにして出てきたのか、そのあらましを簡単に説明しておきます。

道教の気の哲学、元気の哲学、あるいは一元気の哲学といいますのは、『老子』の哲学に源流を持ちます。『老子』の哲学はこの世界がどのようにして成り立ってきたのかを考えます。

ついでに申しますと、中国の思想史で、世界がどのようにして始まったのか、自分がこうして生きているということはどこからきたのか、人類の歴史や時間はどのようにして始まったのか、といった宇宙生成論に関心を持ったのは、老荘の哲学が最初であります。ですから『老子』の中には、この世界がどうして成り立ってきたのか、人間を含む万物がどのようにして生成し、展開してきたのか、というような問題に対して、一つの理論が提示されています。それを簡単にまとめれば、「道が一を生じ、一が二を生じ、二が三を生じ、三が万物を生じる」ということですね。「道」というのは一つのカオスの状態、そのカオスの状態からコスモスが生じてくる。コスモスは、天地が開闢する、天地が分かれることによって成立する。はじめに混然として一なる状態、つまりカオスからコスモスに移行する前の「一」という段階があって、そこから天地が分かれる、つまり天と地の「二」になる。しかし単なる二つの気、陰の気と陽の気それだけでは万物は生まれてこない。陰の気と陽の気が交わることによって始めて万物を生み出す力が生じるというふうに考えます。わが国の『古事記』の国生み神話は、『老子』のこの宇宙生成の哲学を下敷にしたものと思われますが、『古事記』では「まぐわい」という表現が用いられているように、これは人間の生殖の現象を念頭に置いて、それを哲学的に形而上化し、理論化したものと考えていいと思います。この場合、陰の気と陽の気が交わったものを中和の気と申しますが、この中和の気によって一切万物が生じる、というふうに老子の宇宙生成論では説明するわけです。

その考え方に少し遅れて、そして老子の宇宙生成論に影響を受けながら、易の哲学の生成論が、西暦紀元前四世紀の終わりごろから三世紀の初めくらいに成立してきます。それを定式化していえば、「太極が両儀を生じ、両儀が四象を生じ、四象が八卦を生ず」ということです。老子は奇数を基本にしていますが、易の方は偶数を基本にしております。また、後の道教では奇数を重んじ、儒教は偶数を重んじる、というように、四〜五世紀には易の偶数を基本にした宇宙生成論は死者の世界に持っていかれ、道教の奇数を中心にした生成論は天上の神仙世界に持っていかれます。

しかし一般的には、この二つの宇宙生成論は、西暦前二世紀の頃にミックスされるといってよいと思います。その傾向の兆は、戦国末期の『荀子』や前三世紀に書かれました『呂氏春秋』という書物などに見られますが、理論化がとくに顕著になるのは前二世紀の中頃、正確には西暦前一三九年に成立が確認される『淮南子《えなんじ》』という書物においてです。上述した易と老子の宇宙生成論の二つの流れが、『淮南子』の中でミックスされるわけです。

それによって二つの系統が成立します。この二つの系統は、その後の中国哲学史の展開においても重要な意味を持ちます。二つの系統とは、老子の宇宙生成論と易の宇宙生成論が結びついた場合に、老子の「道」が易の「太極」とイコールだとする解釈が一つ。もう一つは、易の「太極」は、老子の「道」とイコールではなく、老子の「道は一を生ず」の「道」から生じた「一」とイコールだという解釈です。前者、つまり「道」が「太極」とイコールだとする解釈は、古代の易学の立場で申しますと象数の易学になります。象数の易学の代表者たちとは、前漢の末期、紀元前一世紀の後半の、孟喜とか京房という易学者たちです。この立場では、「道」とイコールだとされた「太極」は気とか元気とか呼ばれ、したがって老子の「道」は元気であり、「道は元気なり」という定義を生んでゆくわけです。

それに対して、「太極」を、老子の「道」から生じた「一」〔元気あるいは一元気〕とイコールだとしますと、その太極とイコールである一よりも上位の概念として「道」が残ってきます。そして、その上位の概念である「道」に対して、無とか無極とか天地の理とかいった後の道家の哲学や中国仏教の理の哲学が導入されて、「道」が即ち「理」〔「無極」〕であるという風に強調されてきます。この方向は易の哲学の側からみますと、義理の易学になります。義理の易学の代表者は、三世紀、二十四歳の若さで亡くなった王弼《おうひつ》という天才学者です。

王弼の易学は中国の六朝時代に続く七世紀の唐の時代に、国家が定める易学の解釈の基準とされます。その解釈がいわゆる『周易正義』といわれるものです。正義というのはスタンダードな解釈という意味です。それが更に十一世紀以後、宋学に引き継がれてゆくわけです。宋学の開祖とされる周濂渓の『太極図説』の中の「無極にして太極」などという文章は、よく考えてみると判ったようで判らない。なぜそういうことをいわなければならないのかを思想史的にたどっていきますと、いまいったように易の「太極」と老子の「一」すなわち一元気とをイコールとした解釈から出てくる、と見てよいだろうと思います。『周易正義』を見ますと、老子の哲学と易の哲学との関係を孔穎達が具体的に論じていて、これは間違いのない事実であります〔『周易正義』繋辞伝上「易に太極有りて是れ両儀を生ず」の正義〔国定の標準的解釈〕に「太極とは天地未分の前、元気混じて一と為る、即ち是れ太初太一なり。故に『老子』に云う、道は一を生ずと。（一は）即ち此の太極是れなり。又謂う、混元（太初太一）既に分るれば即ち天地有り。故に太極は両儀を生ずと曰う。（太極は混元にして）即ち『老子』に云わゆる一は二を生ず（の一）なり」とあります）。

そのように、道教では象数の易学の系統に既に老子の哲学がコンバインされています。両者の折衷は、前二世紀の中頃から始まってきています。象数の易学と同じく、易の哲学に老子の哲学が結びつけられている義理の易学というのも、易学を中心にいったわけで、中味は老子の哲学に易の哲学が持ち込まれてきているということは、二十四歳の若さで死んだ王弼が、『老子注』と『易注』という二冊の注釈書を残していることからも知られます。しかしこうしたことは王弼に限りません。三世紀の頃の中国の哲学者で、日本でも竹林の七賢の一人として知られている阮籍もまた「通老論」と「通易論」という二つの論文を書いています。易と老子をセットにして研究する立場が三世紀の中国学界で確固としてでき上っていたことがわかります。ただし阮籍は王弼と違って、易の太極は老子の道とイコールだという立場を採りますから、象数の易学の系統になります。これは道教の一元気の哲学と結びつく。かくて道教においては、「道は気なり、道は元気なり」という主張が、六世紀、梁の陶弘景の茅山道教あたりから隋唐時代の道教を通じてその宗教哲学の主流を占めます。

このようにして、「道は気なり、道は元気なり」と解釈される唐代道教における「元気」の哲学、「気」の哲学がいちおう完成するわけです。ただ、唐代では仏教の「理」の哲学が一方において大きな勢力を持ち、それに影響されて道教もまた「理」の哲学の立場を一時的にとる時期があります。それは唐の三代目の天子、則天武后の旦那である高宗の頃から、高宗の死後、則天武后が女帝の位について、仏教を道教よりも重んじた一時期です。仏教の僧侶たちが、女性でも菩薩として帝王の位に就けるんだと煽動して、『大雲経』というお経を偽造したりして、結局彼女が天子の位に就きます。そして後楯になった仏教や仏教教団を則天武后が重んじた時期には、道教も「気」の哲学だけでなく「理」の哲学をも説きます。しかし、全体として見れば、唐代の道教の宗教哲学は気の哲学、元気の哲学と言っていいだろうと思います。その唐代の元気の哲学は、十一世紀、北宋以後、明清の時代に至るまで、多少の修正展開は見せながら基本的にはずっと引き継がれていくわけです。

そういった気の哲学、一元気の哲学を教理の根本に置く道教と、梅園が密接な関係を持っているということは、私の知る限りではほとんどどなたも発言しておられないように思います。しかし、梅園研究の素人である私が梅園全集をパラパラとめくってみただけでも、到る処にそのことが示されているように思えます。

梅園は非常に博学な人で、寸刻を惜しんで万巻の書物を読んだと、全集に収められた多くの著作の中でも、あるいは彼の子供の黄鶴の書いた『行状』の中でも繰り返し強調されています。ですから、道教イコール梅園の哲学というように両者をストレートに結びつける気持は私には毛頭ありませんし、そういうことは考えられないことです。ただ、道教の哲学が梅園の「玄」の哲学と、特に『玄語』の場合には重要な係わりを持っており、道教の哲学を理解しておいた方がより的確に梅園の哲学を理解することが可能なのではないか、というのが私の申しあげたいことです。

(三)

そこで梅園と道教がどのように関係を持つかということで、私の気づいた点を次に五つ六つ述べてみたいと思います。

梅園の長男は先ほどから申しますように黄鶴とよばれます。自分の子供に黄色い鶴という名を付けるのは、いくら江戸時代、明和の頃の国東半島であっても普通ではない。ここには意図的なものがあると思います。黄鶴は梅園が四十過ぎてから生まれたのですが、梅園は結婚生活はあまりうまくいかなかった、配偶者に恵まれなかったというふうに私は理解しています。と申しますのは、最初に結婚した女性も、二度目に結婚した女性も、黄鶴の書いた『行状』の中では「故あって去る」とあります。余談ですが、梅園の墓碑銘などに同時代の関西の学者が書いている文章では、「故あって去る」が削り落とされています。『行状』の中だけにはっきり書かれている。さらに三度目に娶った女性も病弱だったと見えて、梅園よりも早く亡くなっています。

そのような事情の中でやっと一子を設けた。その一子に黄色い鶴、黄鶴という名前を付ける。その黄鶴が先ほどからたびたび申している『先府君孿《れん》山先生行状』という梅園の伝記を書いた。先府君というのは、身分のある人の父親を呼ぶ場合に中国で使う言い方です。「孿山先生」の孿というのは、双子という意味です。一卵性の双生児、これを孿と言いますが、つまり梅園の出身地の両子《ふたこ》山《やま》の両子に言い掛けたわけですね。孿山というのは梅園自身の号です。行状というのも中国に古くからある文体の一種です。この『先府君孿山先生行状』の中に「嘗《つね》に陶弘景、韓康伯の人と為りを慕う」という記述がある。「嘗」は、「常」と共通に使われる字です。陶弘景の人物を慕ったというこの記述を裏付けるものとしては、梅園の著書『詩轍』の中にも次のような記述が見えています。

『詩轍』という書物は、私の推定によれば、空海弘法大師の『文鏡秘府論』にかなり影響を受けている面があると思います。『文鏡秘府論』を梅園が読んでいたことは、『浦子手記』の中に書名を挙げてあることからも判ります。この『詩轍』の中で難解な中国語をまとめて列挙し、解説を加えているところなど、『文鏡秘府論』の中でやはり難しい中国語の助辞や語法などを並べて解説しているところと同じスタイルであり、両者には他にも似ている点が多いと思われます。その『詩轍』「巻の四」に陶弘景のことが出てきます。そこを読んでみますと、

「又、梁の陶弘景、隠居して居りけるに、天子より山中何の有する所ぞ、と勅問ありしかば、弘景直ちに其の辞を承けて、

山中何の有る所ぞ　　山中何所有
嶺上に白雲多し　　嶺上多白雲
只《た》だ自ら怡《よろこ》び悦《よろこ》ぶ可きも　　只可自怡悦
持して君に贈るに堪えず　　不堪持贈君

という詩で答えた」という話を梅園は引いて載せている。ここからわかることは、梅園はつね日頃、道教教団の最高指導者、天師である陶弘景のひととなりを慕っていたということですね。

第二の点は、やはり黄鶴の『行状』の文章の中に梅園が「自ら東川居士と称し、後改めて洞仙となす」という記述が見えていることです。居士とは在家の仏教信者を意味することはいうまでもありません。梅園は十代の若い時分から仏教経典やその解釈書をずいぶん沢山読んでいました。そのことも『浦子手記』をご覧になれば一目瞭然です。

じつは国東半島は古い時代から朝鮮を伝って日本に仏教が持ち込まれるさいの、日本における仏教の最先端地域でした。しかし、中国から朝鮮を経て日本に持ってこられた仏教を、本来のインドの仏教と同じものだと考えると、全く見当違いになってしまいます。インドの仏教は、日本にくる前に既に中国で道教とミックスされていました。インド、西域から中国に入ってきた仏典は全部中国語に翻訳されるのですが、その翻訳用語にどういう言葉があてはめられているかを詳細に検討すればこの間の事情がはっきりします。例えば仏教の重要な概念である涅槃《ねはん》、ニルバーナというサンスクリット語に、老子の哲学の無為が訳語として当てられ、それが七〜八世紀頃まで、中国仏教の教理学のなかでちゃんと生命を保っています。また「菩提」というサンスクリット語には、やはり老荘哲学の「道」が訳語として当てられ、「仏陀」という梵語には、荘子の哲学の「大覚」「覚者」が訳語として与えられます。そして一旦そのような訳語が中国で与えられると、サンスクリットとの対応はほとんど考えられることなく、漢訳された仏典に基づいて教理解釈、教理学の展開が行なわれてゆきます。そのようにしてインド仏教と大きく性格を異にした中国仏教が展開してゆくわけです。

漢訳仏典の中には翻訳の時点で既に道家道教の哲学がずいぶん沢山持ち込まれてきています。このことは、聖徳太子の著とされる『三経義疏』を見てもすぐに論証できることです。そういったものが北九州から国東半島にも定着して、仏教道教一体となったものが、仏教は仏教なりに、道教は道教なりに、日本の縄文期からの古い土着的な文化の上にまぶされて、宗教文化としての機能を発揮してゆきます。

そういう古い文化の伝統を持つ国東半島ですから、梅園の祖先は関東の三浦半島から引っ越してきたとしても、国東半島に既に何代か住みついていたわけで、そうすれば国東半島の古くからの文化の伝統とも、いやでも密接な交渉を持たざるをえません。さらには、三浦家の遠い祖先は僧侶だったという記録もあり、その関係で仏典もよく読まれている、そのような背景があったので、梅園は自分を東川居士と呼んだのではないかと考えられます。

しかし晩年になりますと、「後改めて洞仙と称す」ということになります。洞仙とは道教の仙術を山の中で修業する信徒を呼ぶ言葉であり、同時に陶弘景自身を呼ぶ言葉でもあったのです。ですから洞仙という号を晩年になって使っているということは、やはり梅園が自分を道教徒として自認していた、もしくは道教の修業者を意識していたということを意味していると思います。

第三の点は、上にも申しましたように、子供の名前に黄鶴—黄色い鶴という名をつけていることです。この名前から、唐の崔顥《さいこう》の黄鶴楼《こうかくろう》の詩を思いうかべる方もおられるでしょう。

昔人已《すで》に白雲に乗じて去り　　昔人已乗白雲去
此の地空しく余《のこ》す黄鶴楼　　此地空余黄鶴楼
黄鶴一たび去りて復《また》は返らず　　黄鶴一去不復返
白雲千載空しく悠悠《ゆうゆう》たり　　白雲千載空悠悠

黄鶴は道教で得道して昇天する仙人を象徴する言葉で、六朝時代以後、『神仙伝』その他の道教文献に多く見えています。

それからまた、次に生まれた次男に、梅園は玄亀という、これもあまり常識的でない名前を付けています。玄亀という言葉が中国古代の思想文献で最初に見られるのは『抱朴子』(黄白篇)の中です。『抱朴子』は四世紀の初めに書かれた書物で、神仙術に関する著書であり、もちろん道教と密接な関係を持っています。その中に玄亀という言葉が出てきます。『淮南子』(地形篇)にも「玄黿《げんげん》は霊亀を生む」とありますが、道教との関係をはっきり持って使われているのは『抱朴子』です。

ちなみに、自分の子供に「鶴」「亀」という名を付けているのは、唐代の有名な道教の哲学者である張亀齢―後に志和と改名。『道蔵』に収められている『玄真子』の著者―と、その兄の張鶴齢との二子の父であり、『荘子』の哲学の解釈書である『南華象罔説《しょうもう》』十巻の著者でもある張遊朝です。張遊朝も陶弘景の人生哲学の共鳴者でありますから、梅園もまたその顰《ひそ》みに倣ったのであるかも知れません。これが第三点。

第四点は、梅園が先ほど申しましたように結婚生活で幾度かの挫折を経験していることと関連があるのではないかと思いますが、彼は道教の最高の女性の仙人、西王母に強い憧憬を寄せています。道教の西王母は、キリスト教が中国に入ってくると聖母マリアに当てられます。中国のマリア像はだいたいが西王母とイメージが重ね合わされていて、服装も共通のものとして描かれています。こういう見方は大分県臼杵町出身である橘樸《しらき》さんの著書でも明らかにされています。この方は長く満州に滞在していた関係で、中国の宗教事情に関してはいまでも貴重な研究を残しておられます。話が脱線しましたが、その西王母の絵像に梅園が賛を書いたり、西王母と題する長篇の詩を作ったりしています。こういうことからも梅園と道教との関連が考えられます。

第五の点は、三浦家が祖先からずっと医を業にしていたということです。原文で書きますと「業医」となっていますが、「医を業とす」と漢文では読みます。曽祖父に当る三浦義正という人が秋吉家から嫁を貰って、子供に与四郎良房が生まれます。良房は晩年には出家して僧侶になっています。そして泉石翁と号し、医を業にした、つまり僧侶でありながら医者を兼業しました。その後三浦家は家の仕事として、医業を引き継いできました。それゆえ梅園も医を業としました。医業を継いだのは祖先から受け継いだ家業を捨ててはならないと思ったからだったと『行状』の中に書かれていますが、それにしても梅園はずいぶん多くの医学書を読んでいます。そしてその医学とは何であるかといえば、これは中国医学つまり漢方医学であり、その一番基礎になるものは、『浦子手記』にも記されておりますけれども、『黄帝内経素問』、『諸病源候総論』などです。

こういった医学書はいずれも道教と密接な関連を持っています。例えば『黄庭経』、これは典型的な道教医学の古典であり、人間の身体の生理、衛生を宗教医学的に理論づけたもので、気の哲学を根底においた医学理論書です。また『黄庭経』は四世紀、書聖—書芸術の聖人といわれる王羲之がこれを重んじたという話が中国の正史にも載せられていてたいへん有名です。この『黄庭経』にはいろいろな注釈書が書かれていて、気の哲学としての医学理論を道教医学として展開してゆく。このような書籍にも梅園は目を通しています。

さらにはまた、梅園の著書の中に『身生余譚』という書物があり、その第一章が医説になっております。そこでの書き始めは『玄語』と同じように「天地は、一つの気一つの形なり—天地、一気一形也」となっていて、それから次に道教医学の営衛の説（中国医学では西洋医学のように動脈、静脈という言い方ではなく、営脈、衛脈というふうに人体の構造を明らかにしていきます）が続きますが、そこでも気の哲学で始められていて、表現は違いますけれども気の哲学から始まる道教医学と内容的には一致しています。

それからまた、梅園は『養生訓』という書物を書いています。貝原益軒も同じ題名の書物を書いていて、以前私は「益軒の『養生訓』と梅園の『養生訓』」という文章を書いたことがありますが（本書所収）、梅園の『養生訓』の内容は、道教の道士の養生訓とも称すべき『道林摂生論』という書物の内容と似ているところがあります。『道林摂生論』という書物は、道士が病気にならないためにはどのように心掛けたらいいかという一般的な養生の教です。しかし、梅園がこの書物に目を通していたかどうかについては確認できません。『浦子手記』にはもちろん著録されておりません。内容から考えますと、この書をふまえて、後の明代に書かれた医書の中から孫引きされたのかもしれません。『道林摂生論』という書物は『道蔵』すなわち道教の一切経の中に収められていまして、現在でも簡単に見ることができます。

第六の点は、梅園が「玄」という言葉を大変に重視し、また愛着を持っていたということ、これは主著の一つである『玄語』という書物によっても判ります。玄ということで一玄気の哲学、あるいは天地の条理を強調しております（最近亡くなった田口正治氏の『三浦梅園の研究』によりますと、梅園の著書『玄語』は、一番初めは『玄論』と呼ばれていた。次に『玄語』は『元炁《げんき》論』と呼ばれた。その次には釣り糸を垂れる人という意味の『垂綸子』と呼ばれた。それから最後に『玄語』と呼ばれた。その時期について田口氏は細かく考証されています）。「玄」とはいうまでもなく老子の道の哲学を本来呼ぶ言葉であって、中国の思想文献で玄という字を最初に使っているのは

『老子』です。そしてこの玄、つまり『易』の生成論と『老子』の生成論を折衷し結びつけた一元気＝一玄気の哲学が、道教の宗教哲学の基軸になっているということは先ほど既に申しました通りであります。

梅園の『元《げん》炁《き》論《ろん》』（炁は気の古体）と同じ題名の書（『元気論』）が唐代の道教教理書の中にあって、「元気」の哲学と医学との関係を論述していることは先にいいましたが、じつはこの書の著者は名前が判らず無名子となっております。しかしその成立年代は、文中にひかれた引用文で年代のはっきりしているものから推定することができます。すなわち道教の『元気論』の中に、七五八年に歿したとはっきり年代の判っている道士、羅公遠の作った歌がのっておりますから、この書の成立は早くとも八世紀の後半だと推定されます。この『元気論』をご覧になろうと思えば、『雲笈七籤』（十一世紀、北宋の時代に編纂され、唐代までの道教の教理をまとめた百科全書）の中に収められています。この『雲笈七籤』という書物は、幕末の平田篤胤などがよく読んでいて、梅園ももしかしたら読んだかもしれないのですが、『浦子手記』には載っていません。ただし、『浦子手記』に載っていないからといって、梅園がその本に目を通していなかったということにはなりません。梅園がこれを読んだ可能性、あるいはこれを孫引きした元・明の中国の思想家、医学者たちの文章を読んだ可能性は大いにあると思います。その『元気論』と梅園の『元炁論』の内容を比べてみますと、梅園がそれを読んでいたかいなかったかは別として、内容的には大変よく似ているということが確認されます。ただし道教の『元気論』に対して梅園の『元炁論』は、もっと明晰な頭脳で体系づけ、内容をまとめていると評価していいだろうと私は思います。

以上、梅園と道教との関係について大略をお話ししました。

(四)

梅園の哲学の本質を為すとされる反観合一という考え方を、ヘーゲルの正反合の弁証法と比較して両者の共通性を指摘する見解があり、先の田口さんもこの見方をされています。これは大正期のデモクラシー、一種の合理主義の時代をお過しになられた方たち、あるいは明治期にお生まれになった方たちが日本の文明の方向をヨーロッパにスイッチ・チェンジして、ヨーロッパの近代を追いかけようと意気込んでおられた、そういう方たちに共通するように思います。が、私が思うに梅園の思想はヘーゲルと似ている面は確かにありますが、同時に中国の伝統的思想の方に系譜をたどることもできるわけです。

例えば反観という言葉は、四、五世紀の中国の天台系の仏教学の中で使われています。もちろん梅園の使っている反観という言葉は、宋代の邵康節などともっと密接な関連のなかで考えられていると思いますけれども、系譜としてはそれ以前にもあるわけですし、さらに溯りますと、反観合一というのは、西暦後一世紀の初めに書かれた『漢書』芸文志の中で、中国古代の諸子の哲学を包括するときに使われている「凡ゆる事象は相反して皆相成す」という考え方とも共通しています。現代中国の革命の指導者、毛沢東もまた『矛盾論』の中で、この『漢書』芸文志の「相反して相成す」という思考、これこそ中国伝統の矛盾の哲学の原形である、と指摘しています。だからといって、梅園の反観合一がすぐに『漢書』芸文志の「相反して相成す」とか毛沢東の『矛盾論』と結びつくとは思いませんけれども、そういうふうに伝統的な中国の思想との系譜を考えてみることも必要だろうと思います。『漢書』芸文志の「相反して相成す」から、邵康節の観物（観物という言葉の見える最初は『荘子』です）まで、その系譜をたどっていけば、逆に漢代の象数の易学から、老子、荘子の哲学にまで溯ることもできます。さらにまた、そこから現代の毛沢東の『矛盾論』にまで系譜づけをすることも不可能ではない。そういう一面を持っているだろうと思います。私が梅園に学びたいと思うのは、いろいろな思想を大きな視野の中に位置づけていくという、そういう学問的態度、そのためには、一事知らざれば以て深き恥と為して、万巻の書を読破してゆくという不屈の精神であります。

本日の私の話は「三浦梅園と道教」となっていますけれども、内容からいいますと、結局本末が顚倒して「道教と三浦梅園」ということになってしまいました。羊頭狗肉の話になったことをお詫びして、私の講演を終わります。

岡倉天心と道教

しばしば「難解」「晦渋」などの語を以て、また時としては「怪奇」「有毒」などの語を以て評されるわが岡倉天心の著述ないし思想において、中国固有の宗教もしくは宗教哲学である道教Taoismが甚だ注目すべき地位を占め極めて重要な意味を持つことは、たとえば一九〇三年（明治三十六）、ロンドンにおける英文での刊行以来、彼の名声を世界的に高からしめた『東洋の理想』*The Ideals of the East* の書中において、アジアの自由と美の思想の根源を中国の文明に跡づける「老子教と道教」の一章を特に設け、同じく一九〇六年（明治三十九）、ニューヨークにおいて英文で刊行された『茶の本』*The Book of Tea* のなかに、茶と禅との結びつき、および禅の根底基盤をなす道教の思想について論じる「道教と禅道」の一章を特に加えていること、さらにはまた、「東アジア美術における宗教」と題する論文において中国民族の宗教を代表する道教を、唯物的な道教と哲学的な道教との二派に分って両者の違いを思想史的に系譜づけ、また「孔子の時代と老子の時代」と題する論文において中国の宗教的な思想を地域によって北と南とに分ち、北の儒教と南の道教とを比較文明史的に論究していること、そのほか中国における道教の思想展開を学術史的に整理するために、諸種の中国宗教思想文献から抜き書きした「道教」「道学」「道書」などと題する読書ノートをわざわざ作製していることなどによって容易に確認することができる。

そしてまた、このことは岡倉天心が己れの幼名である角蔵を特に覚三と改め、その成人後は儒教的であると共に道教的でもある「天心」の号ないしは純粋に道教的である「渾沌子」〔混沌子〕、「鶴鷺《かくしょう》道人」、「五浦釣徒《ちょうと》」などの別号を用い、さらにまた、その中年以後は好んで道教の僧侶すなわち道士の着用する道服と同類の衣服を身にまとい、死後はまたその遺志によって東都の染井墓地や晩年隠棲の地であった五浦《いづら》の地に極めて道教的な半円型の墳墓〔土饅頭《どまんじゅう》〕を築いていることなどによっても有力に裏づけられる。

岡倉覚三の「覚」は、彼の主著の一つである『東洋の覚醒』もしくは『日本の覚醒』の「覚」であり、この覚という語は、もともと道教の哲人荘周の著書（『荘子』斉物論篇）に見える「大覚」の語に基づく。そしてインドの仏教が中国に渡来すると、いちはやく梵語の仏陀 Buddha の意訳語に採用されたのもこの大覚という語であった。また覚三の「三」は、上文に引用した彼の論文「東アジア美術における宗教」に、「天は上、地は下、人はその間」―天地人の三元―とある「三元」の「三」に基づく。「天は無限なもの、霊的なものを表わし、地は有限なもの、感覚的なものを表わし、人はこれらの二元要素、即ち精神と感覚をそなえ、なかに立って二つのものを和合させねばならない」と彼が解釈する「天地人の三元」の「三」であり、この三元の語はまた、もともと儒教の古典である『易経』に見える天地人「三才」の語を道教風に言い換えたものであるが、中国で後漢の時代、二世紀以後に成立する道教の教理学においても、この「三元」の「三」は重要な宗教哲学的意味を持つ。

岡倉覚三の号である「天心」の語も、もともとは『書経』の咸有一徳篇に、「克く天の心を享《う》け、天の明らけき命《めい》を受ける」と見え、上述の覚三の語が基づく「三元」↓「三才」と共に古くは儒教的な哲学概念であるが、この天心の語はまた『淮南子《えなんじ》』泰族篇や『鬼谷子』本経陰符篇、その他の道教経典にも、たとえば「天の心を懐《いだ》いて徳の養いを施す」(『鬼谷子』本経陰符篇)などと見えており、道教の教理学においても中枢的な位置を占める哲学概念であった。同じく道教の根本経典の一つである『荘子』大宗師篇に初見して、宇宙と人生の根源的な真理を意味する「道」もしくは「天」の同義語にも用いられる「渾沌」(混沌)の語、もしくは『晋書』王恭伝、謝万伝などに見えて、鶴の羽衣を着た神仙世界の住人を意味する「鶴氅道人」の語—「道人」の語も後には仏教の僧侶をよぶ言葉として用いられるが、もともとは道教の経典『荘子』天下篇に見えて道の体得者をよぶ語、さらにまた唐代の書聖・顔真卿の撰した、その親友の道士・張志和(玄真子)の碑文に、「復《ま》た宦情《みやづかえのこころ》無く、遂に扁舟に綸《つりいと》を垂れて三江に浮び五湖に泛《ただよ》い、自ら烟波の釣徒と号す」という「釣徒」の語などと共に、岡倉天心の道教神仙的な悟達超脱の世界もしくは道教の宗教哲学に対する一途な傾倒の心情を端的に示すとみてよいであろう。ちなみに唐代の道士・張志和は、岡倉の『茶の本』に詳細で重要な指摘の見える『茶経』の著者・陸羽とも親交があり、その晩年における五湖での「釣徒」の明け暮れが張志和の著書『玄真子』—道教の一切経である『道蔵』の太玄部に収載—に詳細に描かれている「波に随い濤《おおなみ》に泛《うか》んで聊《いささ》か以て遊遨する」道教的な求道者・紅霞《こうか》子《し》の生きざまをそのままモデルにしていることは、断定して大過ないであろう。

それならば岡倉天心にとって道教とは具体的に如何なる宗教であり、また、どのような思想として理解されていたのであろうか。この問題を考えるためには、まず岡倉において宗教、特に東洋の宗教とは如何なるものと考えられていたかを確認しておく必要がある。岡倉は上記「東アジア美術における宗教」と題する論文の冒頭において、「芸術はつねに宗教と結びついている。芸術の最大の達成は宗教思想の装いの中にあった。……芸術は人生という幹を取り巻く葡萄であり、宗教は、森の中のみごとな大樹のように、芸術をしてもっとも有効な方向により高く、その栄光を輝かせることを可能とする。こうして宗教は芸術の歴史における最も重要な要因となる」と述べて、まず宗教と芸術の一体的な関係を強調したのち、「このことが、東洋においてほど真実であるところは、どこにもない。東洋はもし宗教的でなければ何も無い。東洋の最大の成果は宗教的な発見にあり、その人類に対する貢献の主なものは宗教の創成である」などと述べ、東洋の文明もしくは理想と思想とにおける宗教の重要性を力説して、宗教―東洋の宗教―の意味内容を次のように定義する。

「宗教について、ここであなた方――欧米人（筆者注）――が意味されるようには、東洋における我々は考えない。この用語は西洋諸国ではより狭義の意味で理解されている。我々にとって、それは必ずしも礼拝の形式を意味せず、神の概念すら含んでいない。その点、我々の意味では、ある人間が不可知論者でもなお宗教的である。より高い理想のためには死に至るも堪えうるような、俗世を超越できるそのような信念を、我々は宗教と理解するのである」。

岡倉が東洋における宗教を定義して、「神の概念すら含んでいない」とか、「ある人間が不可知論者でもなお宗教的である」とかいっているのは、以下に述べるように、彼が中国の道教を唯物的な道教と哲学的な道教との二つの宗派に分ち、後者すなわち哲学的な道教に対して、より強い志向と憧憬を抱いていたからと解されるが、その彼は「東アジアの偉大な宗教体系」とみずから規定するこのような道教の「二つの宗派」のうち、第一の「唯物的な道教」について次のように説明する。

「唯物的な道教徒は生命の不老不死を追求した錬金術師の子孫であった。現世の生命を永久ならしめんことがこの教派の目的であった。最初は彼らは不死を得んとして仙薬を造り出さんと実際に試みた。のちになると彼らは、その仙薬のみが唯一の手に入るべき重要品ではなく、精神――それはあなた方自身のうちにおいてもっとも神々しいもの――の鍛錬こそ人が不死をうるべく発展させねばならぬものである、と考えるようになった。（そして）仏教が中国に入ると、道教の徒はその方法の多くを学びとった。彼らは仏教に対する反対運動を組織し、仏教徒によく似た寺院を建てたが、その中には劣った神として仏陀を含んでいた。こういう方法で彼らは、インド宗教信仰の密教形式の組織を、ほとんど身体ごととり入れたのである」。

ここで岡倉が、「道教の徒はその〔仏教の〕方法の多くを学びとった」といい、「その中には劣った神として仏陀を含んでいた」といい、また「インド宗教信仰の密教形式の組織を、ほとんど身体ごととり入れた」などというのは、中国の道教がインド仏教の伝来以後、その教理・儀礼・教団組織を大幅に採り入れ、道教の教祖としての老子〔太上老君、金闕帝君〕を、道教の経典『化胡経』『西昇経』などにおけるが如く仏陀の師君としたり、また密教の真言・陀羅尼を道教の真誥・

禁呪と同一視し、これらを神聖視して治病・延命・招福などの現世的利益を祈求したり、さらにはまた密教の胎蔵界と金剛界、曼荼羅などの教理儀礼を道教の陰陽・男女・龍虎・水火・赤白などの、哲理や秘儀、『真霊位業図』に習合したりする宗教的な折衷融合の現象を指すが、岡倉のこのような指摘は、中国の六朝隋唐期における宗教思想展開の歴史の実態を「唯物的な道教」を主軸として鋭く的確に把握したものとして十分注目に価する。

なお、インドから中国に伝来した仏教は、上述の如く中国伝統の漢字文化の中に全面的に組みこまれ、仏教の説く「菩提」―梵語の音訳―が老子の哲学の説く「道」を漢訳語とし、同じく「沙門」〔桑門〕が「道人」、「涅槃」が「無為」と漢訳されるのなどと密接に関連して、仏教そのものが「道の教」すなわち「道教」とよばれ、「道教」として理解されることが少なくなかった。岡倉が明治初年の若き日に学習し理解した仏教の知識教養も、その根底基盤をなすものは勿論このような漢訳され漢字文化の中に組みこまれた漢文仏典ないしは中国化された仏教であった。なかんずく仏教としての禅は、岡倉自身も「禅宗」は「老子の影響による」と明言しているように、中国的な性格と特徴を顕著に持つ。ともあれ、中国において仏教と道教とは、道教が仏教化されたものであるにせよ、仏教が道教化〔中国化〕されたものであるにせよ、相互に重なりあい、補いあう面を根ぶかく持つ。岡倉の「唯物的な道教」に対する理解と論述に関しても、この点に特に留意する必要があるであろう。

道教の唯物的な宗派に対して、同じくその哲学的な宗派については、岡倉は次のように解説する。

「哲学的な道教徒は大哲学者老子の正統的な後継者であるが故に老子派とよばれた方がいいが、彼らは礼拝や儀式には関わらなかった。彼らは生活をそのまま受け入れ、それを純粋な最善のものたらしめんとした。彼らにとって小宇宙は大宇宙と同じように重要であり、我々の為す些事はその世界観において大事と同じように重要である。我々が竹の一枝を描くのは、仏陀の像を描くのと同じように重要なことである。最も完璧に花を花瓶に活けることは、一つの国を調和させるのと同じように重要であり……全く世俗的な事、茶の湯を供するようなほんの些末な儀礼の一端に、最も大きな意義を与えられたということは、それがまた完全を期しえたということである。完全性は事の大小によって異なるものではなかった」。

ここで岡倉が「茶の湯を供するようなほんの些末な儀礼の一端に、最も大きな意義を……」というのは、彼の主著である『茶の本』に「日本の茶の湯にわれわれは茶の理想の頂点を見る。……茶はわれわれにとっては、飲む形式の理想化以上のものとなった。それは生の術の宗教である。……茶室の調子を乱す一点の色もなく、物事のリズムをそこなうもの音一つ立てず、調和を破る身の動き一つなく、周囲の統一を破る一言も口にせず、すべて単純に自然に振舞う動作——こういうものが茶の湯の目的であった。……そのすべての背後には微妙な哲理がひそんでいた。茶道は変装した道教であった」というのと承応する。

ただし、ここでは静寂と調和、単純と自然が道教と深くかかわる茶の「道」として説明されているが、同じ『茶の本』の中では道教の「道」の静寂と不変とをその流動と変化とに即応させながら、「道」を永遠の生成、大いなる推移として説明し、その生成と推移とを顕在化する宇宙的な活力をエーテル的な元素＝「気」として捉える解釈も提示されている。

「〔道《タオ》について〕老子自身はこれについて次のように語った。「万物を蔵する物が存在していて、『天』と『地』の存在以前に生じた。何たる静寂！　何たる寂寥！　それは独りで立ち、不変である。自転するがみずからに危険を招くことがなく、宇宙の母である。私はその名を知らない。そこでそれを『径路《パス》』と呼ぶ。不本意ながら私はそれを『無限《インフィニティ》』と呼ぶ。『無限《インフィニティ》』は『迅《フリー》速《ティング》』であり、『迅速《フリーティング》』は『消滅《ヴァニッシング》』であり、『消滅《ヴァニッシング》』は『回帰《リヴァーティング》』である」。「道《タオ》」は「径《パ》路《ス》」というよりはむしろ「通行《パセイジ》」である。それは「宇宙的変化」の精神――新しい形を生むために自身に回帰するところの永遠の生成である。「道《タオ》」は道教徒の愛好する象徴、龍のようにおのれに返る。「道《タオ》」は雲のごとく巻きたち、解け去る。「道《タオ》」は「大推移」と言うこともできよう。主観的には「宇宙」の「気」である。その「絶対」は「相対」である」。

「茶道は変装した道教であった」と喝破して、道教―哲学的な道教―を「独立と個性を目的とし、宇宙と共に遊ばんことを願い」、「自然は人間以上のものであり、人は自然の小さな一部分にすぎない」ことを自覚して「自然の中に生きんと」する茶の「道」と結びつける岡倉は、さらにこれを「禅宗は老子の影響による」と喝破する禅の道と結びつけて次のようにいう。

「仏教徒の中で南方禅の宗派は、道教の教義をたいへん多く取りいれていて、凝った茶の儀式をつくりあげた。僧たちは菩提達磨の像の前に集まって、深遠な聖餐の形式で一箇の碗から茶を飲んだ。この禅の儀式が、ついに十五世紀日本の茶道に発展した〔茶道の「道」は道教の「道」であり、『荘子』養生主篇の「道は技より進めり」に基づく―筆者注〕」。

「道教は、その正統な後継者禅道と同じように、南方中国精神の個人主義的傾向を表わしていて、儒教の姿で現われている北方中国の共産主義〔共同体主義〕と対蹠的である」。

「今日われわれが知っているような禅を最初に説いたのは中国の六代目の祖師慧能〔六三八年―七一三年〕にちがいない。彼は、南方中国に幅をきかせていた事実からそう呼ばれた「南方禅」の開祖である。慧能のすぐあとを継いだのは馬祖〔七八八年歿〕で、中国人の生活に生きた感化を及ぼした。……馬祖の時代以後の禅問答を見ると、往時のインド理想主義と対照的な中国固有の思考方法をあらたにつけ加えている揚子江沿岸の精神が躍如としている。宗派的な自負が、そうでないといかに反対しようとも、人は南方禅と老子や道教の清談家の教えとが似ているという印象を抱かざるをえないのである」。

「禅道は道教と同じように、「相対性」を崇拝する。或る禅師は禅を、南の空に北極星をみる術であると定義している。真理は相反するものを把握することによってのみ、得ることができる。さらに、禅道は道教と同じように、個人主義の強力な鼓吹者である。……百丈〔七一九―八一四年〕が弟子と森の中を歩いていると、一匹の兎が彼らの近づくのにあわてて走り去った。「何故兎は逃げるのか」と百丈は問うた。「私を怖れたからです」と弟子は答えた。「否」と師は言った。「お前の殺気のせいだ」。この対話は道教徒荘子のそれを思い出させる（『茶の本』が以下に引用する『荘子』秋水篇の荘周と恵施との濠梁問答は省略）。禅は正統の仏教の教えとしばしば対立した。道教が儒教と対立したのとまさに同じである。禅の超越的な内観にとって、言葉は思考の邪魔物にすぎない。仏典のあらんかぎりの力をもってしても、個人の思索の註釈にすぎない。

禅の宗徒は、事物の外的付属物をもっぱら真理の明晰な認識を妨げるものと見做し、事物の内的本性と直接に交渉しようとこころざした。この抽象への愛こそ、禅宗徒をして古典仏教派の丹念な色彩画よりも墨絵の素描を選ばしめたのである」。

「禅が特に東洋思想になした貢献は、俗界を精神界と同じ重要さをもつものと認めたことである。事物の大きな関係においては大小の区別はまったくない、一箇の原子は宇宙と同等の可能性を有すると考えた。完全を求める者は、自分自身の生活の中に内なる光の反映を発見しなければならない。禅林の組織はこの見地からきわめて意義深いものであった。……多くの重要な問答が、庭の草取り、蕪《かぶら》の皮むき、茶のもてなしをするかたわら、次つぎにかわされた。茶道の理想ぜんたいが、人生のごく些小な出来事の中に偉大さを考えつくこの禅の一帰結なのである。道教は審美的諸理想に基礎をあたえ、禅道はそれら理想を実際的なものにした」。

岡倉天心のいわゆる「哲学的な道教」は、彼の著述の中で単に「老子教」とよばれている場合が多く、老子教の思想的な特質については、『東洋の理想』の中の一章である「老子教と道教」、また一八九九年(明治三十二)以前の作と推定されている論文「孔子の時代と老子の時代」などに一応まとまった記述が見えているが、上述の道教と茶道および禅道における「哲学的な道教」についての論及と表裏して、老子の教えが「ひたすら自我のうちに閉じこもり、俗世間の束縛にとらわれぬ偉大な個人主義の精神」であること、また、その教えの特質は「抽象された純粋なものを重んじる」ことにあり、老子の「抽象的なものの本質についての議論は、形式主義からの自由、事物との関係、虚無と静寂の美、そして自己の精神の完全な維持の必要から成っている」ことなどを指摘している。

岡倉はこの論点をさらに明確にするために、老子教を彼の当時、一般に道教とよばれていた宗教―唯物的な道教―と区別して、「現在残っている道教は、後に老子教に接木された宗教的祭儀」であり、「不老不死の薬の探索、媚薬の使用、厄祓、星占的易断、妖術の施行、現在道教の名前で通っている中国の民間迷信をものがたる諸種の道具などは、その創設者〔老子〕の純粋な理想とは全く無縁である」と論断する。彼が本来の老子教とは全く無縁であるとする唯物的な道教―「錬金術と老子教と名づけられた民間宗教との合体」―の歴史的な展開についても「孔子の時代と老子の時代」などに具体的な記述が詳しく見えているが、しかし彼の道教に対する第一義的な関心は、あくまで本来の哲学的な老子教にあった。そして、この本来の哲学的な老子教は、西暦四世紀以後においては、その本体を見失うほど仏教に近いものに同化していたと彼はいうが、岡倉のこのような本来の老子教についての論述のうち、特にわれわれの注目を引くのは、彼がこの老子教―哲学的な道教―を個人主義の精神として共同体主義の儒教と対比させ、その儒教を中国北部の思想とし、老子教を南部の思想として特徴づけていること、および彼のいわゆる老子教のなかで荘子の哲学が極めて大きな比重を占めており、その意味では老子教というよりも、むしろ老荘思想とよばれるにふさわしいということである。

岡倉によれば、中国人というのは悠久の昔、中国北方の肥沃な黄河流域に定住を始めて農民化したタタール族であり、彼らはモンゴルの草原地帯に残してきた遊牧の同胞とは全く別種の、いわば壮大な共同体主義の体系を展開させ始め、それがやがて土地と労働に基礎をおく偉大な倫理的宗教的な組織を生み出すに至り、孔子によって代表される北方の儒教を確立した。だから平原に定着した後もタタール族中国人は依然として遊牧的な政治観念を保持しており、古代の中国が分たれていた九州の長官は「牧」とよばれ、彼らは「天」によって象徴される一種の族長神を信仰していた。彼らの星についての知識も四海同胞という壮大な観念も遊牧民族として放浪していた頃からの祖先伝来の遺産であった。農夫に先だって牧者ありという歴史的な事実は彼らの神話のなかにもあらわれていて、最初の皇帝は伏羲すなわち牧畜を教える者であり、その後につづくのが神農すなわち神聖な農夫であった(『東洋の理想』)。

これに対して南方中国の揚子江流域の奥深い森林、霧多い沼沢地のさなかには、剽悍にして自由なる、北方の周王朝の王侯の威勢など物ともしない種族が住んでいた。彼らの異様な風体と粗野な言語は北方人によって鵙の鳴声に喩えられて、漢代に至ってもなお嘲笑の的であった。しかし、次第に北方の周代文化の浸潤が生じて、これらの南方人も北方人のそれとは著しく異なる形式ながら、愛と理想を唱う自身の芸術表現を見出すに至った。楚の屈原によって代表されるこのような南方人の詩は、強烈な自然愛好と大河の崇拝をゆたかに含み、雲と湖上の霧を喜び、自由の愛と自我の主張とを謳い上げる。特に自我の主張は孔子の偉大なるライヴァル、老子の『道徳経』のなかに注目すべき例証が見出される。……老子の後継者たる荘子も南方人で、師の跡をふんで、事物の相対性と移ろいやすさを説いた(同右)。

岡倉が老子や荘子を南方人とすることには異論の余地がある。老子は『史記』老子伝以来、楚の苦県《こ》（河南省鹿邑県）の人とされており、苦県は春秋戦国時代に南方の楚の国の領地にされてはいたが、揚子江よりは遙かに黄河に近く、荘子の郷里の蒙（河南省商邱市）はその苦県よりさらに北方にあるからである。しかし漢代以後において老荘思想が『淮南子』や『楚辞』に見られるごとく、揚子江流域の南方に盛んであったことを思えば、老子教や道教を北方の儒教に対して南方的であるとすることも、あながち理由のないことではない。特に老荘系の思想に儒教には見られない海洋への讃美と憧憬があること、またこの思想と古代日本の宗教思想との関係などを重視すれば、その南方的な性格は一層の比重を増す。ともあれ岡倉が既に明治の中期において中国の文明に南北の地域差を強調していることは、彼の見識の非凡さを示すものとしてわれわれの注目を引くに十分価する。

岡倉のいわゆる老子教とは荘子の哲学をも包括する呼び方であり、老子教のなかで荘子の哲学が極めて重要な地位を占めていることについては、「荘子」および「荘子の書」について解説する以下の文章（「孔子の時代と老子の時代」）が、そのことを最も良く立証する。

「荘子はその師〔老子〕の原則をよりふかく敷衍し、自らの環境に実際に適用することによってその理論に註解を加えた。彼の生き生きした想像力とその驚異すべき筆力のすべては、儒教の形式主義の砦が士気沮喪するまでに進められたのである。『荘子の書』は相対性の原理の例証にみちあふれ、不可知論に近接する生と死の懐疑論的な議論にまで立入り、そして同じ原則が環境に因ってさまざまな形態を取ること、またカテゴリーから独立して真理を求める必要を説いている。偉大な教師〔大宗師〕の章は、理想的人間の定義を与えているのできわめて興味深い。荘子は老子的個人主義の特質を説明して、それは他者より上位の自己主張にあるのではなく、人間の破壊しえぬ原則を保持し展開することにあるという。真の個人主義は個人が普遍の中に没入し、多が一にとけこむことの中に見出せるのである。変化はあらゆる存在の本質であり、人間は世界の過程としての新しい型に適応できなくてはならない。しかし理想的人間は没我の生活にかくれ、生と死の変化から遮断されていなくてはならない。こうして老子教は、すでに涅槃へのサンジャヤ理論を予兆しており、仏教哲学が六朝時代に歓迎されたのは、こうした準備が中国の精神にあったことによる」。

岡倉天心が老子教としての荘子の哲学―哲学的な道教の精髄―に強い憧憬を抱き深く傾倒していたことは、大小長短、多数の論著によっても具体的に実証することができる。たとえば、一八八九年（明治二十二）、『国華』創刊号に載せた論文「円山応挙」では、古法を墨守せず、写生画に新機軸を発揮した応挙の芸術的な創造性の根源を「造化ヲ師トスルヤ用意緻密……之ヲ心ニ得テ而シテ手ニ応ズ（ル）」ことにあったと論じている。「造化ヲ師トスル」、「之ヲ心ニ得テ而シテ手ニ応ズ」は、いずれも『荘子』大宗師篇や同じく天道篇に見える語。また一九〇一年（明治三十四）の執筆とされる橋本雅邦宛の書簡に、日本美術院の綱紀の紊乱と財政の苦窮にひどく懊悩したあげく、ひそかな逃避行を企てた岡倉が、「浮世の事柄唯々厭ヤに相成、此上ハ行雲流水ヲ逐ひ世外の月ヲ看度考ニ有之……」と書いているのも、『荘子』の「千歳、世を厭えば去りて上僊し、かの白雲に乗じて帝郷に至らん」を強く意識しての文字表現であろう（「行雲流水」の語も本来は『荘子』に「雲行き」「水は無形に流る」などとあるのに基づき、後には『荘子』を継承する禅家に愛用された語）。

さらにまた一九〇二年（明治三十五）頃、インドで執筆されたという『東洋の覚醒』のなかで「西洋の自由」に対する「東洋の自由」を解説し、「われわれにとって自由とは、個人の内面的な理想を完成する力にある。真の無限は円周であって延長された線ではない」といっているのも、『荘子』に説く「吹《おとた》つるものは万《さま》ざまにして己れ自《よ》りし」「独り其《おの》れの天を成す」個物全真の哲学、もしくは「其の環中を得て以て無窮に応じ」「而《なんじ》の円機を執り、独り而《なんじ》の意を成して道と徘徊する」円環の哲学を根底にふまえる思想表現。また一九〇四年（明治三十七）、ニューヨークで刊行された『日本の覚醒』に「近代文明とよばれる巨大な機械を作るために動いた個々人は、機械的習慣の奴隷となり、彼らの創造した怪物に冷酷に支配されていった」というのも、『荘子』に「機械あれば必ず機事あり、機事あれば必ず機心あり、機心胸中に存すれば則ち純白備わらず」という人類の技術文明に対する厳しい批判の言葉と全く発想を同じくする。

　そしてまた一九〇六年（明治三十九）に刊行された『茶の本』の「花」と題する第六章に、「変化こそ唯一の永遠なるものである。ならば、なにゆえに「死」を「生」と同じように歓迎しないのか」「〔人は〕無用の微妙な用を認識したとき、芸術の領域に入った」などといっているのも、『荘子』の変化と流転の哲学、無用の用の哲理を説いた「時は止むべからず、消息盈虚《えいきょ》して終れば則ち有《ま》た始まる。……動くとして変ぜざるは無く、時として移らざるは無し」「死生を以て一条と為し」「生を説《よろこ》ぶことを知らず、死を悪《にく》むことを知らず」、もしくは「世の人は皆な有用の用を知るも無用の用を知ること莫《な》し」などの語をふまえた思想表現である。

　このほか一九〇一年（明治三十四）の雑誌『日本美術』に載せた「雅邦先生招待会の席上にて」に「活潑々地に発動し来る天地生々の一気を捕捉するの主義」を説き、一九〇七年（明治四十）の雑誌

『多都美』に載せる「玉成会発会席上に於て」に「諸君は全き人でなければならぬ。……全体の人であって初めて全体を描き得る」と述べ、さらに一九一一年（明治四十四）、ボストンで行なった講演筆録「東アジアの絵画における自然」に「東洋の聖なるものは、全く人間と異なるものと考えられている」「真実は外観の内側にある。……真の知識は、より深いものの意味に到達し、それを表現せんとする芸術は、その内部の魂をとらえようとする」といっているのなど、いずれも『荘子』の「天地の一気」「全人」「非人」「徳の内に充つる者」の思想を根底にふまえた表現であり、岡倉の論著のなかから荘子の哲学的な道教と思想的に関連する文章表現を拾っていけば、枚挙に暇ないほどである。

そして、このような視点から天心の代表的な主著『東洋の理想』の冒頭の一句、「アジアは一つである」Asia is one の真意を考え直してみるとき、この余りにも有名な一句もまた、岡倉が荘子の哲学的な道教を解説して、「真の個人主義は、個人が普遍の中に没入し、多が一に溶けこむことの中に見出せるのである」といっている「多」を包摂する「一」をふまえた思想の表現と見なしうるであろう。ここで筆者が「真意を考え直す」と特にいったのは、この言葉が戦中派の日本人であれば誰でも苦々しい追憶と共に想起する大東亜共栄圏の政治的軍事的スローガンとして悪用されたからであり、終戦後の現在においてもこの言葉を文字通りの常識的な意味で「均一である」もしくは「一体である」と解する人が少なくないからである。

しかし荘子の哲学的な道教において、「一つである」とは、現実的な千様万態の「多」が、世界と人生の根源的な真理、「道」において斉しく同じいということであった。いわゆる「道は通じて一と為す」「唯だ達者《さとれるもの》のみ通じて一たるを知る」のであり、「万物は皆な一たり」「(道は)万物を旁礴《あまねくつつ》んで以て一と為す」なのである。つまり『荘子』にいわゆる「一」とは天の心を己れの心とすることであり、渾沌を渾沌として活かし遊ばせることにほかならない。道教の宗教哲学において、「道」は「一」であり、「天」であり、「渾沌」であり、それゆえに「道の教え」をおのれの教えとすることは、天地人の「三元」を貫く渾沌の「一」に鋭い覚醒を持つことであった。岡倉覚三が「天心」をその号とし、「渾沌子」をその別号とし、「アジアが一つである」ことを「東洋の理想」とし、彼自身がまた老荘道教の徒でありうることの哲学的な根拠がここに見出される。

そしてまた、このことは岡倉がアジアの芸術に関して、「我々は現在、東アジア芸術の歴史において基本的に重要な結論に至る途上にある。我々の知識がまだ幼稚なのは真実である。しかし我々は現にインド、中国、日本における個々独立の現象としてではなく、全体としての芸術史を誤りなく描くことが可能である」(「東洋芸術鑑識の性質と価値」)といい、アジアの芸術が一つであることの理想を全世界に高くかかげていることとも密接に連関するであろう。岡倉にとって東洋の芸術とは、「道」すなわち世界と人生の根源的な真理を絵画彫刻などの作品として活潑々地に表現することであった。その「道」が中国の宗教的な文明を代表する道教の「道」であろうとも、あるいはまたインドの宗教的な文明を代表する仏教の「道」であろうとも。

我死なば　花な手向けそ浜千鳥
呼びかふ声をかたみにて
落葉の下に埋めてよ

十二万年　名月の夜
　訪ひ来ん人を松の蔭

この彼の「辞世の歌」に見える「十二万年　名月の夜」の発想も極めて道教的である〔道教の教理学では、十二万九千六百年を周期として世界が崩壊し、混沌に帰し、そこから再び新しい世界が創成されると説く〕。岡倉天心がその晩年を唐の玄真子〔張志和〕描くところの紅霞子の生きざまもさながらに、「波に随い濤《おおなみ》に泛《うか》んで聊か以て遊遨する」五浦の釣徒として明け暮れているのも、彼が本質的に道教の徒であったことの何よりも確かな証《あか》しであると見てよいであろう。

日本人と老荘思想

日本人が中国の老荘思想に始めて接したのは、いつごろからのことであろうか。西暦七世紀の初め、聖徳太子によって作られたという憲法十七条の第十に「彼是《ぜ》なれば則《すなわ》ち我は非、我是なれば則ち彼は非……是非の理は誰か能く定むべき、相《あい》共に賢愚たること環《たまき》の端無きが如し」と『荘子』斉物論篇に基づく文章表現が見えているが、これは津田左右吉氏もいうように、天武朝ごろの擬作であるかもしれない。

もっとも、西暦六世紀の半ば、欽明帝のときには百済から仏教の経論が献ぜられており（『日本書紀』）、その経論は既に中国本土における漢訳によって老荘的な字句概念を多く含むものであるから、老荘思想の伝来は間接的には漢訳仏典のそれと共に始まるという見方も十分に成り立つ。

八世紀の半ば、孝謙帝のときに成ったという我が国最初の漢詩集『懐風藻』になると、日本人の老荘への知識はかなり明確となり豊かとなってくる。例えば大友皇子の伝記に鎌足の言葉として「天道親《しん》無し、惟《た》だ善を是《こ》れ輔《たす》く」という『老子』の語を載せ、山田三方《みかた》の「秋日、長（屋）王の宅に新羅の客を宴す」の詩序に、「我を酔わしむるに五千の文を以てし、既に徳に飽くの地に舞踏す」とあるのなどがそれである。また越智広江《おちひろえ》の「述懐」の詩に、「荘老は我が好むところ……今さらに何の為めにか労《くる》しまん」とあり、道首名《みちのおびとな》の「秋宴」の詩に、「昔聞く濠梁《こうりょう》の論、今弁ず遊魚の情」とあるのなどがそれである。このほか「無為」「無事」「至徳」「造化」「姑射《こや》」などの老荘の語を拾っていけば枚挙にいとまないほどであるが、しかし一般的にいって、これらの老荘的な字句表現には中国人の文章を下敷にした理解の底浅さ、たんなる知識としての観念性が目だつ。

ただ例外として魏晋の後次的な老荘思想、とくに竹林の賢人たちのそれに対する憧憬を述べた詩文に修辞の技巧を超えた思想へのパトスがわずかに看取されるにすぎない。たとえば、藤原万里《まろ》の「暮春、弟の園池に置酒《さかもり》す」の詩序に、「僕は聖代の狂生。直《た》だ風月を以て情と為し、魚鳥を翫《たのし》みと為す。名を貪り利を狥《もと》むるは未だ冲襟《ちゅうきん》に適《かな》わず、酒に対して当《まさ》に歌うべきは、是れ私願に諧《かな》う。……千歳の間、嵇康《けいこう》は我が友。一酔の飲、伯倫《はくりん》〔劉伶《りゅうれい》〕は吾が師。軒冕《けんべん》の身を栄にするを慮らず、徒《た》だ泉石の性を楽しましむるを知るのみ」とあり、その詩に「琴を弾ず中散《ちゅうさん》〔嵇康《けいこう》〕の地、筆を下す伯英《はくえい》〔張芝《ちょうし》〕の書……言を寄す礼法の士に、我が麁疏《そそ》有るを知れと」と歌っているのなどがそれである（「魚鳥のたのしみ」、「琴を弾ず」、「麁疎」などは、いずれも嵇康の「絶交書」に見える語）。

『万葉集』巻三に載せる逆境の詩人、大伴旅人《たびと》の「讃酒歌」十三首も、たとえば「古《いにしえ》の七の賢《さか》しき人たちも欲《ほ》りせしものは酒にあるらし」、「価なき宝というとも一杯の濁《にご》れる酒にあにまさめやも」、「この世にし楽しくあらば来む世には、虫にも鳥にも我はなりなむ」などの歌が端的に示すように、竹林の七賢ないしは魏晋の老荘思想に憧憬したものであるが、竹林の七賢といえば、さらに降って十四世紀、吉田兼好の『徒然草』にも、「阮籍《げんせき》が青き眼、誰も有るべきことなり」（第百七十段）、「嵇康も山沢に遊びて魚鳥を見れば心たのしぶといへり。人遠く水草清き所にさまよひありきたるばかり、心なぐさむ事はあらじ」（第二十一段）などと、七賢の行動と思想に肯定的な評価を与えている。日本人の老荘思想は『懐風藻』『万葉集』以来、原始老荘の思想それ自体よりも竹林七賢のそれを主要な関心事として理解され親しまれてきたと見ていいのではなかろうか。

『徒然草』のなかにはまた、「かげろふのゆふべを待ち、夏のせみの春秋を知らぬもあるぞかし。……いのちながければ辱《はじ》おほし」（第七段）、「智慧出でては偽あり……可不可は一条なり……まことの人は智もなく徳もなく、功もなく名もなし」（第三十八段）、あるいはまた、「善にほこらず、物と争はざるを徳とす。……志つねに満たずして終に物に伐《ほこ》る事なし」（第百六十七段）、「おごりを退け」（第十八段）、「得がたきの貨をとふとまず」（第百二十段）、「こはきもの先ず滅ぶ」（第二百十一段）などと老荘の語句の引用が各所に見られるが、しかし彼の老荘思想は要するに徒然《つれづれ》の名が示すように趣味的随想的であり、また「文は文選のあはれなる巻々、白氏文集、老子のことば、南華の篇」（第十三段）という彼の言葉が端的に示すように、風流人の知的教養、せいぜい仏教とならぶ一般的な人生智として理解されているにすぎない。人間の生き方、死に方の究極的な拠り所をこの思想に求めて、「老荘を魂にかけ」、「造化に随い造化に帰る」懸命の老荘理解が深く日本人のものとして根づくためには、やはり江戸期の老荘思想、なかんずく芭蕉の出現を待たなければならなかった。

大化の改新以来、国家のあらゆる制度機構を唐のそれに模してきた日本人が、近江奈良朝の学令において老荘の学を特に教科から除き、「玄すなわち老荘の思想は、独善を以て宗と為し、愛敬の心無く、父を棄て君に背くもの」（葛井広成の対策文）と決めつけてきた吾が日本国においては、老荘無為自然の思想は永く「官」もしくは「公」とは無縁の存在であった。欧米の富国強兵を必死に追い求めた十九世紀の後半、明治以後の日本においても、老荘思想が「父を棄て君に背く」虚無頽廃の独善の教、国家の富強に百害あって一益のない〝懶〟と〝慢〟と〝狂〟の哲学と決めつけられる事情に変りはなかった。

その明治期に、江戸の戯作者の文学精神を新しく継承した柿叟《しそう》坪内逍遙が、『当世書生気質』『小説神髄』とともに『良寛と子守』を書き、大正期の初め、北国の田野に老荘的な自由人を憧憬した相馬御風がまた『大愚良寛』を書いている事実を私は興味深く思う。「逍遙」といい、「御風」というのも共に『荘子』（逍遙遊篇）から採ったペンネームである。また、いわゆる明治の〝大逆者〟幸徳秋水が、その「巣鴨の詩」のなかに自作の漢詩「兵馬、蛮触を憐み……九万里に逍遙し云々」を載せ、みずから「荘子に曰く」として「蛮触」の語の典拠（則陽篇）を解説していること、秋水の師の中江兆民がまた『三酔人経綸問答』などの著作で『荘子』の語句を多用し、人間の肉体、精神を薪と火に譬える『荘子』（養生主篇）の霊魂論を肯定的に引用していること（『続一年有半』）、さらにはまた、その兆民の漢学の師である『荘子考』の著者岡松甕谷《おうこく》を、近時における漢文唯一の大家であると激賞していること（『一年有半』）などを興味深く思う。甕谷もまた一旦は東京帝国大学に教授となりながら明治維新政府に仕えることを拒んで江戸の私塾に隠れた反俗逍遙の徒であり、『荘子解』『東潜夫論』の著者である帆足万里とは同郷、その門弟となった江戸末期の老荘的学者であった。

「木鶏」の哲学
―名横綱双葉山によせて―

㈠

「木鶏《もくけい》」すなわち木彫りの鶏の話が初めて見えるのは、中国古代の哲学書『荘子』(達生篇)の中においてである。この話は筆者と同郷(大分県中津市)の出身である往年の名横綱双葉山《ふたばやま》(後の時津風親方)がまだ名横綱への道を遠く低迷していた時期、その彼の低迷に大いなる覚醒を与え、角界不世出といわれる大力士を出現させる決定的な転機をなしたといわれることで有名であるが、名横綱双葉山の逸話からも知られるように、自己の人生を〃技《わざ》〃―技術・技芸―の世界に賭ける古今の勝負師たちに多く重んぜられてきた。そして自己の人生を生きるということが、政界・財界に身を置くにせよ、学界・芸能界、その他もろもろの職業領域に身を置くにせよ、なんらかの意味で勝負師であること、もしくは勝負師となることを免れ得ないとすれば、『荘子』の「木鶏」の話はまた一種の処世の哲学として自己の人生を必死に生きようとするあらゆる人々に対して重要な意味を持ちうるであろう。

㈡

『荘子』に載せる「木鶏」の話というのは、こうである。

「あるとき紀渻子《きせいし》という闘鶏の名匠が、周の宣王のために闘鶏を飼育した。飼育を始めて十日もすると、宣王は紀渻子にたずねた。

――鶏はもう使いものになったのか。

渻子は答えた。

――まだです。いまのところ、むやみに強がって威勢を張っています。

それから十日もすると、宣王はまたたずねた。すると渻子は答えた。

――まだ使いものになりません。他の鶏の鳴き声や姿ならまだしも、その声の響や姿の影に対してさえ、さっと身構えます。

それから十日ほどして宣王はまたたずねた。すると渻子は答えた。

――まだ使いものになりません。他の鶏を近づけると、まだぐっとにらみつけて気おいたちます。

それから十日ほどして王はまたたずねた。するとこんどは渻子が答えた。

――もう完璧です。他の鶏が鳴き声を立てても、もはや何の反応も示しません。遠くから見ると、まるで木彫りの鶏のようです。無為自然の道を完全に身につけています（原文は「徳全し」であるが、「徳」とは無為自然の道を身につけることをいう）。他の鶏で相手になろうとするものなどなく、みな背を向けて逃げ出しましょう」。

この「木鶏」の話は、『荘子』におくれて成立した『列子』（黄帝篇）という書物の中にもほとんどそのままの文章で載せられている。文中の周の宣王というのは『列子』（仲尼篇）によると、公儀伯という力士を召し抱えた殿様として知られており、そこの文章では公儀伯の師匠で「天下無敵」の力士といわれた商丘子が、己れのようにすぐれた力士となることの秘訣を語って、「もし人が自分の見たことのないものを見ようと思うならば、他人の目のとどかないところに注目せよ。また自分のまだものにしていない境地をものにしようと思うならば、他人のやっていないことを心がけよ」（「人欲見其所不見、視人所不窺。欲得其所不得、修人所不為」）などといった話を載せている。「木鶏」の話が勝負の世界に生きる人間の心構えと密接な関連性をもつことは、同じ周の宣王のこの力士にまつわる話と問答とによっても明白である。

『荘子』の「木鶏」の話は、紀渻子と周の宣王との問答に託して、真の勝負師は勝負にとらわれぬこと、勝負の場に臨んで勝敗に心みだされぬ無心の境地に立ちうるものこそ無敵の強者であり、勝負の世界においては無心こそ最大の武器であることを明らかにしている。同じく『荘子』のなかにいわゆる「得（得失成敗）に無心なれば鬼神も服《したが》う」（天地篇）境地であり、「神《こころ》全ければ物に遻《あ》いて慴《おそ》れず」（達生篇）、「心を用うること鏡のごとく」（応帝王篇）、「物に乗《じょう》じて以て心を遊ばせる」（人間世篇）境地である。

このうち「物に乗じて心を遊ばせる」境地というのは、荘子の哲学において「至人」すなわち

〝道《タオ》〟の真理の究極的な体得者＝老荘的な自由人が、人の世にまじわり生きて、どのようにすれば人生の最終的な勝利者、『荘子』にいわゆる「衆《もろ》もろの小さき不勝を以て大勝を為すもの」（さまざまの小さな負けを踏み台にして偉大な最後の勝利を収め得る勇者―秋水篇）、もしくは「日に之を計りて足らず、歳に之を計りて余り有るもの」（その日その日の銭勘定は赤字でも一年単位で勘定すればちゃんと黒字になっているすぐれた経営者―庚桑楚篇）になりうるのかという戦いの秘訣もしくは処世の智恵を説いた文章の結論として述べられている。

『荘子』（人間世篇）によれば、人が世にまじわり生きるかぎり、勝負の場に立たされることは不可避であり、勝負の場に立たされるかぎり、どのような過程をたどろうとも最終的には勝利者とならなければならない。というのは、人はこの世に生まれてきたかぎり、己れの死の日が訪れるまで精いっぱいに生きてゆかなければならない。人生はそれがどのような生であろうとも好《よ》しとして肯定されなければならず、生きてゆくことこそが人の世における最大の善だからである。しかし生きてゆくことは至難のわざであり、生きぬいてゆくためにはさまざまな困難と戦わなければならない。人生の困難と戦って生きぬこうとする者には、さまざまな苦しみと悶え、懼れと惑いと憂いがあり、それこそ「世俗に掊《う》ち撃《たた》かれて」（人間世篇）、「人の生くるや憂いと倶に生く」（至楽篇）という嘆きを禁じえない。しかし、それにもかかわらず、「人は其の天年を終えずして中道《なかごろ》に夭《たお》れ」（人間世篇）てはならないのであり、「一たび其《おの》れの成《うま》れいでし形《からだ》を受くれば、亡《うしな》わずして以て尽くるを待ち」（斉物論篇）、あくまで「身を保ち生を全う」（養生主篇）しなければならないのである。人生を好からずとして否定することは許されず、人の世の現実から逃避することも許されない。ただひたすら与えられた自己の人生を好しとして肯定し、与えられた自己の現在を好しとして精いっぱいに生きてゆき、人生の最終的な勝利者―「其の天年を終え」、「生を全うする」者―とならなければならない。このように説く『荘子』は、かくて人生の最終的な勝利者となるための哲学的な秘訣の一つを「物に乗《じょう》じて心を遊ばせよ」と教え、その哲学的な秘訣をさらに具体的に次のような〝虎を養う者〟―虎を調教する猛獣師―の説話として説明するのである（人間世篇）。

「そなたは知っているだろうか、あの恐しい虎を調教する猛獣師というものを。彼は虎を飼うのに決して生きた動物を餌として与えることをしない。そのわけは、虎がその餌を食い殺そうとして気の立つことを恐れるからだ。また、たとい死んだ動物であっても、一匹まるごと餌として与えようとはしない。そのわけは、虎がその餌を食い裂こうとして気の立つことを恐れるからだ。彼は虎の腹加減を餌によって適度に按配しながら、その狂暴な怒りの激発を巧みに抑制する。虎と人間とはもともと類を異にする動物であるが、しかし、おのれを養うものに媚びなついてくるのは、その本性にうまく順うからである。だから、その反対に虎に食い殺されるのは虎の本性に逆らうからで、つまり虎の養い方を知らぬからだ」。

『荘子』にいわゆる「物に乗じて心を遊ばせる」の「物」は、外物すなわち自己以外のすべての存在をさし、「乗ずる」とは、その外物の在り方、もちまえ、ないしは法則性をよく呑みこんでそれらをうまく活用することをいう。外物はしばしば自己を苦しめ悩まし、危害・妨害をさえ加える存在であるが、この説話の中の「虎」は、そのような危害・妨害を加える外物の狂暴性を最も良く象徴的に代表する。その虎の本性や習性を十分に呑みこんで、それをうまく活用すれば、その狂暴性を飼いならして自己に従順ならしめることができ、意のままに相手を動かすことのできる自己の精神の自由無碍な境地が実現するとこの説話は教えるのである。また、「心を遊ばせる」とは、固定観念や先入的偏見に縛られ釘づけにされない自由無碍な心のはたらきをもつこと、つまり無心であることをいう。外物と対応する自己が無心でありうるためには、「物に乗ずる」こと、すなわち相手の在り方やもちまえ、ないしは外物の法則性をよく呑みこんで、それをうまく活用することがなければならず、すぐれた人生の勝負師には、そのことが可能であるというのである。

『荘子』に載せる「虎を養う者」の説話で注目されるのは、狂暴な野性をもつ虎を調教することがもっぱら説かれていて、その虎を撃ち殺し、もしくは虎から逃避することが全く説かれていないことである。ここでは虎を虎としてその狂暴な野性とともに肯定し、その虎を手なずけ飼いならして、虎とともに遊ぶすべが説かれている。人の世を逃避して深山幽谷の隠遁者となるのでもなく、この世を否定して来世に浄土を欣求するのでもなく、あくまで人の世を人の世としてあるがままに肯定し、現実のこの人の世に生きながらえて、己れの心を遊ばせ自己の生を全うする、すなわち人生の達人となり、大いなる勝利者となるすべがここでは説かれているのである。『荘子』に載せる「虎を養う者」というのは、そのような人生の達人、大いなる勝利者を比喩的に説話化したものにほかならない。

㈢

『荘子』に載せる「木鶏」の話ないしは「虎を養う者」の話は「技」の世界に人生を賭ける勝負

師たちの、勝負の世界における勝利者となるための秘訣を即物的・比喩的に説明したものであるが、『荘子』の中にはこれと同類の話は他にも幾つか見えている。いま一つその例を挙げると、勝負に賭ける人間の心理を鋭く分析して簡潔に描写している次の文章(達生篇)は、勝負の世界で大試合を体験したことのあるほどの者なら容易に切実な共感が得られるであろう。

「いったい、それほど価値のない瓦を賭けてもの投げ遊びをする者は、勝負にこだわらないから上手にやってのけられるが、それよりも少し価値のある帯留の金具を賭けてもの投げ遊びをする者は、心におののきを感じて平気ではいられなくなり、さらに高価な黄金を賭けてもの投げ遊びをする者は、賞金に心がくらんでしどろもどろになる。この場合、もの投げ遊びの技量そのものは同じであるが、惜しいと執着する気持があるから、外物を貴んで己れの心が乱れるのである」。

この文章もまた上に引いた「木鶏」の話、「虎を養う者」の話と同じく勝負の場に臨む人間にとって、心に気負いや囚われや乱れのないこと、無心であることが、勝利者となることの秘訣であることを説いたものである。無心であるとき人は自己の持つ技量を遺憾なく発揮できる。技が技でありうるのは技の持ち主が無心だからであり、その反対に技が技でありえなくなるのは心に気負いや囚われや乱れがあるからである。『荘子』の哲学は自己の人生を〃技〃に賭ける人々に対しても技の無心を強調する。無心であることが勝負の場に臨む人間の第一の秘訣であるというのは、以上見てきたように『荘子』のなかで一貫して説かれている勝負師の「賭け」の哲学なのである。

㈣

しかし無心であることが〝技〟に賭ける人々の第一の秘訣であるとしても、具体的・実践的には勝負の場に臨む人間が無心となりうるのは、いったいどのようにして可能であるのか。そのことについて最も明快に答えているのは、古来「刃を遊ばせる」話として広く知られている次のような説話形式の文章（養生主篇）である。

「梁《りょう》の恵王という殿様のために、お抱えの料理の名人である庖丁《ほうてい》―現在、料理用の刃物を包丁《ほうちょう》とよぶのは、彼の名に基づく―が、あるとき牛を料理してみせた。

その彼の牛を料理する手つき、肩の寄せ工合、足のふんばり方、膝の曲げ工合など、身のこなしは全く堂に入っていて何ともいえず見事である。彼が牛刀を動かし進めるにつれて、肉と骨とはサクリサクリと音を立てて離れ、骨を離れた肉はバサリと落ちる。さらに牛刀を動かし進めると肉がザクリザクリと裂かれてゆき、その手さばきはリズミカルでこの上なく軽快である……」。

『荘子』に載せる「刃を遊ばせる」話は、その冒頭にまず包丁の「刃を遊ばせる」〝技〟の見事さを描く。技であるかぎり、体とのかかわり、身のこなしは重要な意味をもつ。技のすばらしさ、すなわち牛刀の軽快な動きとそのリズミカルな手さばきとは、堂に入った身のこなし、すなわち肩の寄せ工合、足のふんばり方、膝の曲げ工合などと一体のものでなければならない。柔術・剣術・舞踊術など、すべて〝技〟とよばれ〝術〟とよばれるものは、みな然りである。

さて包丁の鮮かな料理ぶりを眺めていた恵王は、感歎の声を発していった。

――ああ、見事なものだ。技も奥義を極めると、これほどまでになれるものか。

するとと包丁は、やおら牛刀を前に置いて恵王に答えた。

――いま殿様は、わたくしの料理を見事な技だとおっしゃいましたが、実はわたくしの願いとするところは、道でありまして技以上のものでございます。当初わたくしが牛を料理したころは、目にうつるものとてはただ牛ばかり、どこから手をつけてよいのか見当もつきませんでした。ところが三年目になると、牛の体を構成するそれぞれの部分の筋目が見えてくるようになり、刃の入れどころがここぞとつかめるようになりました。そして現在ではもはや形を超えた心のはたらきで牛の体を捉えるようになり、目で視、形に頼って仕事をすることはなくなりました。……牛の骨には間隙《すきま》がありますが、この牛刀の刃は鋭く薄くて厚みというものがなく、厚みのない刃を間隙のある牛の体に突き入れてゆくのですから、いかにも恢恢《ひろびろ》として刃を遊ばせるのに必ず十分のゆとりがあります。わたくしの牛刀が十九年も使いつづけて研ぎたての牛刀のように刃こぼれひとつないのは、このためでございます。……

ここで包丁が〝技〟以上のものとして説く〝道〟というのは、上述の「木鶏」の話で紀渻子が周の宣王に答えている「無為自然の道」と同じであるが、人の技を人の技として成り立たせる全人格的な力量―精神のはたらきもしくは境地をいう。〝道〟とはもともと『荘子』の哲学において世界と人生の根源に実在し、一切万物を一切万物として生成し変化死滅させる究極的な理法、いわゆる「造化者」をよぶ言葉であるが、このような「造化者」の「為すこと無くして而も為さざること無き」活殺自在のはたらきを体得した人間が、「物に乗じて心を遊ばせる」境地、すなわち自由無碍な精神の境地をまた〝道〟とよぶ。つまり『荘子』にいわゆる「虚心」「無心」の境地であり、禅門でいえば、慧能《えのう》（六三八―七一三）のいわゆる「無念」、すなわち「心は虚空《こくう》のごとく」「去来自由にして心の体《たい》に滞り無き」（『六祖壇経』般若篇）悟達の境地である。そして禅門にいわゆる無念が、「心念の起らざるを名づけて坐と為し、内に自性の清浄を見て不動なるを名づけて禅と為す」（同上、座禅篇）と説明する「打坐」―坐禅の実践によって体得されるように、包丁の無心もまた「目にうつるものとてはただ牛ばかり、どこから手をつけてよいのか見当もつかない」技以前の世界から、「牛の体を構成するそれぞれの部分の筋目が見えてくるようになり、刃の入れどころがここぞとつかめるようになった」三年間の技の修練を経て、「恢恢《ひろびろ》として刃を遊ばせるのに必ず十分のゆとりがある」十九年後の〝技〟に遊ぶ無心の境地が実現するのである。技に遊ぶ無心の境地とは、包丁が「技以上のものでございます」と答える〝道〟に入った境地にほかならない。

(五)

包丁の「刃を遊ばせる」解牛〔牛の料理〕の話は、勝負の世界における無心の境地が、文字どおりに心を持たない木石痴呆の状態、何もせずに寝そべっている怠惰な無為、もしくは手を拱《こまね》いて一切を成り行きに任せる無気力な敗北主義ではなくして、大いなる鍛練の果てに体得される〝心無き心〟〝技無き技〟の境地であることを教える。〝心無き心〟〝技無き技〟というのは、声無き声、知無き知、教無き教、用無き用、為《ふるまい》無き為という老荘の哲学に一般的な逆説的表現と同じく、己れのさかしら心を無くしたあるがままの心、わざとらしい手練手管を用いず、己れの技を意識することの無い技をいう。つまり無為自然の道にかなった己れの心と技―精神と技法―である。

「木鶏」の話における紀渻子の闘鶏も、始めから木彫りの鶏のように無為自然の道を完璧に身につけていたわけではなく、始めは「むやみに強がって威張り」、「他の鶏の鳴き声や姿ならまだしも、その声の響や姿の影に対してさえ、さっと身構える」闘鶏としての未熟さから、「他の鶏を近づけると、まだぐっとにらみつけて気負い立つ」「勝を守るもの」（斉物論篇）の囚われを経て、三たび重ねた十日間の鍛練の後にようやく到達しえた無為自然の〝道〟の境地であった。そして闘鶏をこの境地に導き到達させたのは、闘鶏師としての紀渻子の〝技〟であり、その彼の技を全人格的に支えていたものは、彼の身につけていた〝技〟より以上のもの、すなわち〝道〟のはたらきであった。

「其の雄《ゆう》を知りて其の雌《し》を守れば、天下の谿《けい》と為る」すなわち、男性的な剛強さの何たるかを弁えた上で、女性的な柔軟さをじっと持ちつづけてゆけば、世界じゅうが慕い寄る大いなる谷間となるというのは、『荘子』（天下篇）にも引かれている『老子』（第二十八章）の言葉であるが、この言葉は人生の勝負師が本当の意味で勝負をするためには、進むことを知るとともに退くことも知らなければならないという教訓を同時に含む。「進道は退くが若《ごと》し」―前に進む道は、一見、後に退くように見える―というのも『老子』（第四十一章）の言葉であるが、進むことが十分な意味で成り立つためには、そのなかに退くことが含まれていなければならない。ただ進むことのみを知って退くことを知らない猪《いのしし》武者は、必ず行きづまり敗れる。柔道や相撲の勝負で最も誡めなければならないのは、前に進むときであるよりも、むしろ後に退くときであるといわれる。わが室町時代の能芸の巨匠世阿弥もまた能芸の稽古の心得を説いて、〝するわざ〟に対する〝せぬひま〟の重要性を説いている（『遊楽習道風見』）。「退く」こと、もしくは〝せぬひま〟は、武術芸能の世界に身を置く者にとって誡むべき心得であるばかりでなく、あらゆる職業領域に身を置く者にとっても同様に戒心すべきことであろう。

柔道を柔術以上のものとして〝術〟に対する〝道〟の優位を説いたのは、講道館柔道の創始者嘉納治五郎であるが、同様にして書道もまた単なる書技に対するその優位を説き、茶道もまた単なる茶法に対するその優位を説く。〝技〟〔術〕〔法〕に対して〝道〟の優位を説くわが国の伝統的な芸能の思想は、その源流を遠く中国古代の『荘子』の哲学にまでたどることができるのである。ちなみに柔道の〝柔〟すなわち柔《やわら》という言葉と思想もまた、もとはといえば、中国古代の老荘の哲学—柔能く剛を制す—にその源流をもつものであった。

これを要するに〝技〟が十分な意味で技として活きるためには、〝技〟より以上のもの、すなわち〝道〟が体得されていなければならない。そして〝技〟が〝道〟によって真の技となるように、「進む」ことが十分な意味で進むことでありうるためには、「退く」ことがなければならず、〝するわざ〟が〝するわざ〟として十分に活きるためには、〝せぬひま〟がゆるがせにされてはならない。同様にして高度に成長することが真の意味で高度に成長することであるためには、高度に成長しない時期をどのように処理してゆくかが重要な課題となる。そして、すべての技術的なものは、その根底に技術を技術たらしめているいっそう根源的なもの、技術以上の〝道〟の哲学を持たなければならないであろう。技術以上の〝道〟の哲学を持つということは、技術の担い手である人間が本来いかなる存在であり、また人間が生きてゆくということが具体的にどのようなことであり、人生の勝負の場に立たされた人間が、その危機に臨んでどのような精神の様相を呈するかということを的確に把握し認識することである。「木鶏」の話がそのことについての本質的な問題の在り所《か》を象徴的に示唆しているように思われる。

『観音経』と道教
―日本人の観音信仰によせて―

㈠

私の本日の話は「『観音経』と道教」に就いてでありますが、『観音経』というのは『法華経』の中の普門品第二十五を特に抽出したお経であることは周知の通りです。

『法華経』は仏教の経典であり、道教は中国に古くからある中国人の民族的な宗教です。道教という言葉自体は、いにしえの聖王が行なった正しい道の教という意味で、西暦前四～五世紀ごろ、当時日本は縄文期でしたが、中国では春秋戦国時代と呼ばれていたその頃から既に用いられていました。これは『墨子』という書物の中に見えていますが、この道教が仏教と並ぶ中国人の民族的な宗教として成立するのは西暦後二世紀、後漢の時代の中頃からです。後漢というのは日本と中国との交渉が初めて中国の歴史書に載せられた時代です。

それを実証する考古学的な遺物としては、九州の志賀の島に埋もれていた漢の倭奴国王《わのなこくおう》の金印が出土しています。また奈良の東大寺山から、後漢の年号である「中平」の文字が刻まれた剣が発掘されています。このように文献や考古学の上でも実証されていますので、日本と中国との実際の交渉はもっと古い時代にまで溯るだろうと推測することができます。

そういう後漢時代の中頃、漢の皇室、劉氏と郷里を同じくする張陵〔道教では張道陵〕という人物は、蜀の国〔現在の四川省〕の鵠鳴《こくめい》山の山上で、天上の神仙世界に住む太上老君の教誡を受け、これを説いたのです。

太上老君というのは、それまで哲学者だといわれていた老子が神格化されたもので、二世紀の半ば頃、神さまとして天上の神仙世界に住んでいるとされていました。その神さまが地上の人々の生活を天上世界から眺めていて、どうも政治がおかしい、乱れている、人民は苦しんでいるというとき、地上の世界へ下りて来ていろいろとお告げをする。これが道教の教誡です。この場合、太上老君が蜀の鵠鳴山で張道陵に説いたお告げは、「正一盟威の道」の教といわれています。つまりこれは一種の「道の教」であり、そこから道教が始まったと伝えられています。

ところで、いままでの考え方では、仏教と道教とは全く対立し矛盾する別個の宗教といわれてきたのですが、こういう考え方は、仏教をインド仏教の意味に解釈するときは、かなり当を得ているといえます。

しかし、中国仏教はインド仏教とは大きく性格を異にしています。インドで成立した仏教が中国に伝わりますと、宗教として変ってくるという事実に注目しなければなりません。インドから仏教が中国に伝わってきますと、経典が全部漢訳されてしまいます。ということは、それ以前にすでに高度の発達を遂げていた中国の漢字の文化の中に、インドの仏教が組みこまれてしまうということを意味します。このことは、中国朝鮮から仏教が日本に伝わってきたときとは全く事情を異にするのです。

当時の日本の文明・文化の程度は低かった。まだ文字もなく、人々の生活も縄文・弥生期の素朴な暮しから脱け出るか出ないかといった低い段階でした。このような状態では仏教の経典を日本語に翻訳するなどということは、到底不可能です。ですから現在でも一般的には、漢訳された中国の経典をそのまま音読みしているという状況です。

しかし、中国は西暦前十世紀ごろから非常に高い文明を形成していたので、西暦紀元前後にインドから仏教が入ってきますと、その経典はすべて漢訳され、全面的に漢字文化の中に組みこまれてしまいました。『観音経』をそのなかに含む『法華経』も勿論そうです。経典はすべて漢文で書かれているのです。だから同じ仏教といっても、中国に伝わってきて漢字文化のなかに組みこまれ、中国の社会で信仰され実践されていた中国の仏教と、本来のインドの仏教とが、内容的にそのまま同じだとすることは出来ないわけです。

こういう視点に立って中国仏教を考えていくと、道教と中国の仏教とが全く別個のものであるという考え方もおかしくなってきます。

したがってまた、私たちが更に注目しなければならないのは、日本に伝わってきた仏教も、インドから直接渡ってきたのではなく、中国で漢字文化のなかに組みこまれたものが朝鮮（百済）を経て、日本に伝来してきたということです。

それでは同じ仏教でありながら、インドの仏教と中国の仏教とは、一体どのように違うのでしょうか。私はその違いを、中国の思想史を専門に研究する学者の立場から、次の四つの段階に分けて検討を加えています。

第一は、仏典が漢訳される場合に、仏教の教理のなかの重要な言葉は、どういう漢語〔中国語〕におきかえられているのかということです。例えば、仏教の根本的な真理は、サンスクリットでいえば「ボーディ」ですが、これを音訳すると「菩提」となります。それに対して意味をあてて意訳する場合、菩提に「道」即ち老荘の哲学の根本概念である「道」をあてます。また仏教の究極的な境地を「涅槃《ねはん》」といいますが、サンスクリットでは「ニルバーナ」といいます。これを意訳すると、老荘の哲学の「道」と同義語である「無為」という言葉があてられます。仏教の真理の担い手、つまり沙門〔僧侶〕を中国では「道人」と訳しますが、これも仏教が中国に渡る以前に老荘の哲学で使われていた言葉でありました。このように前からあった老荘の哲学や用語を土台にしてインドの仏教を受け入れていったわけです。したがって菩提の教は道の教＝道教というふうに訳され、また理解されますから、現在の浄土教とくに浄土真宗系の根本経典である『無量寿経』の中には、阿弥陀如来の教が道教と訳されて四カ所も出てくるのです。

第二は、インドの仏典を梵本といいますが、それを中国語に訳したものが漢訳仏典です。日本や朝鮮を含む東アジアの仏教は、具体的には漢訳仏典に基づく仏教の教です。中国の僧侶たちのほとんどや学者たちは、漢訳された仏典に基づいて仏教の教理の研究をしました。一つ一つインドのサンスクリットとつき合わせて解釈するのではなく、老荘の哲学、儒教の哲学の用語を多く用いて訳した漢訳仏典に基づいて教理の解釈研究がなされていきますから、インドの仏教教理とはどうしても違ってくるようになります。

第三に、インドで成立した本来の仏教は、釈尊の時代から西暦紀元前後の頃まで数百年の間に、インドの中でも教理が既に変ってきています。これを普通に小乗仏教と大乗仏教とに分けています。

このように時間的に変化してきているインドの仏教教理が、西暦紀元前後に平面化された形で一挙に中国に入ってきます。そして仏教の経典（サンスクリットではそれをスートラといいます）を、中国の伝統的な聖人の教を記録した「経」と同一視して、同じように「経」と呼ぶようになります。

「経」というのは、もともと中国の聖人の言葉を記録したものであり、聖人の真理は時間と空間を超えた永遠普遍のものですから、その間に矛盾や対立があってはならないとされ、したがってインドの仏教経典でも、中国で「経」と訳される限りにおいては、経の内容に矛盾や食い違いがあってはならないという大前提が置かれます。しかし現実には、インドの仏教教理は地域的にも時間的にも変ってきているわけですから、矛盾や対立のないようにするためには、仏教の教理を中国で体系化し、統一していくことがなされなければなりません。

そこで教相判釈《きょうそうはんじゃく》ということが行なわれるようになります。これは仏教のいろいろな「教相」すなわち教の姿を分析解釈し、これを統一し体系化するという作業のことです。この教相判釈は中国でも日本でも盛んに行なわれました。

第四に、体系化である限りにおいては基準がいりますが、その場合に『法華経』を体系の基準に置き、他の仏教経典の教理を整理していきますと、これが天台宗の教理学になります。また、『華厳経』を基準に置くと、華厳宗になります。日本でいえば、比叡山の天台宗であり、また奈良の東大寺の華厳宗ということです。このようにどのお経を中心にみるかによって、中国仏教のいろいろな学派や宗派が成立してきます。

インドから伝わってきて、中国の漢字文化のなかに組みこまれ、道の教、つまり道教として中国人に受けとられ理解されてきました中国仏教は、同じ仏教であってもインドの仏教とは大きく性格と内容を異にしているわけです。

㈡

それでは、仏道の教、つまり一種の道教でもあった中国仏教の具体的な内容はどういうものであったのでしょうか。そのことを考えるためには、インドの仏教が中国に渡ってくる以前の中国人の「道の教」の具体的な内容が検討されなければなりません。

古来の中国の人たちが人生の理想として追求したことは、「安楽の道」でありました。いまのわれわれの言葉でいい換えますと、人生の幸福とは何かということです。

「安楽」とは安らかで楽しい生活です。「道」というのは、人生の安楽を実現するための道であり、したがって「道の教」とは人生の安楽を実現するための教のことです。如何にすれば人間は安らかで楽しい生活を実現することができるのでしょうか。

現実を生きている人間は決して安らかではなく、楽しい生活は困難です。つまり人生は危であり苦であります。だからこそ人々は安楽の道とは何かと問うことになるわけです。

「安楽」という中国語は、現代の日本では安楽死という言葉で最も良く知られていますが、この日本語も本来は中国語の「安楽」と密接な関連をもっています。ただし本来的な中国語の安楽は死と結びついた言葉ではなく、むしろ生と結びついた言葉でありました。

つまり古代の中国人においては、安楽の生、人生の安楽とは何かという問いとしてこの言葉が使われていたのです。

安楽という言葉は中国古代の歌謡集である『詩経』の中に、恐懼という言葉とセットにして使われています（小雅「谷風」の詩「将《まさ》に恐れんとし将に懼《おそ》れんとして……将に安んじ将に楽しまんとして……」）。安らかで楽しいことへのあこがれ、願いは、現実の生活が恐ろしくてこわい、いつもびくびくしていなければならないという凝視と反省の上に立っているということが、『詩経』の歌謡の中でも、はっきりと示されています。その他、『礼記《らいき》』という西暦前の古い文献や、『国語』や『墨子』などの、仏教が入る以前の中国古代文献にも「安楽」という言葉がさまざまに使われています（例えば『国語』晋語四『民の生きて安楽ならば、誰《なん》ぞ其の它（他）を知らん』）。

ところで、仏教が入る以前の中国においては、安楽を現実の人間世界に実現する「道の教」として、だいたい五つの方向が示されています。

第一は、安楽を実現するための呪術、宗教的な道という考え方。

人間の力は、たかの知れたものであるから、ひたすら神に祝詞を奉げ、呪文を唱える。あるいは加持祈禱をする、要するに神の力におすがりすることによって人間生活の安楽の実現をはかろうという方向です。こういう思想の原形は古く、中国最古代の文献である『書経』の金縢篇《きんとうへん》の中などに既に見られます。『書経』というのは、いにしえの聖天子の詔勅などを集めた書物で、いわゆる五経の一つです。金縢篇はその書経の一篇であり、金縢というのは、神に対する誓いの文書を納める箱が金具でしばってあることを意味しています。

このように神に対する誓約、祝詞が、二世紀以後、道教の中に大幅に取り入れられ、日本にも伝わり、現代においても宗教的信仰、行事として定着しています。また道教で、禁呪を説いた経典に『洞淵神呪経』がありますが、このお経は五世紀ごろに出来たもので、日本でも古くから読まれており、修験道、山岳信仰にも影響を及ぼしています。京都の祇園社もまた関係があります。

安楽を実現する第二番目は、医術、薬学の道の教です。

中国で安楽の道が求められる場合、それは必ず生身の体と結びつけて考えられます。霊魂だけの安楽というものはあまり求めません。道教の不老長生の信仰や思想もそうです。現代の医学にしても、その究極的な理想は道教と同じく不老長生を求めているといえます。不老長生を実現しようとして病院が建てられ、治療法が研究されています。不老長生を求める中国の医学のことは西暦前一世紀に書かれた司馬遷の『史記』(扁鵲倉公列伝)にも見えています。そこには具体的な臨床医学の実例も二十幾つかあげられていて、医師の伝記も書かれています。中国医学は古くから脈法といって脈を中心にしてきて、西暦前から鍼《はり》も使われてきました。最近はその鍼が発掘されて話題を呼んでいます。

日本でも古く山上憶良は、六十歳を過ぎてから重いリウマチで苦しんだことが『万葉集』巻五に

「沈痾自哀文」(やまいにしずみてみずからかなしむのぶん)として載せられています。これによりますと、憶良の場合も初めは加持祈禱などの呪術宗教的な治療法を取ろうとします。しかし、それだけでは十分ではないと気がついて、中国の医術・薬学を勉強し、その結果、自分の病気は不養生のせいであることを発見します。彼が勉強したのは道教的な医術・薬学です。憶良はそれでも手遅れであるとして、最後には『涅槃経』を中心とする仏教の信仰に移っていくのですが、少なくともある時期には、彼は中国の道教的な医術・薬学を熱心に勉強していました。

第三は、人間の現実的な生の安楽を十分に実現するためには、政治倫理の確立が第一であるという考え方です。中国古代で儒家ないしは儒教と呼ばれる、孔子・孟子・荀子・董仲舒などの思想がこれを代表します。

中国では西暦前三世紀ごろから世界的な大帝国が出現します。いわゆる秦・漢の王朝です。その帝王は、自分たちの地位と権力は神さまから授かったものであり、皇帝の位は神聖であると主張するようになりました。そのことから政治が再び宗教と結びつき、さらに倫理と結びついて、人民の安楽を政治倫理の力でこの地上の世界に実現するという考え方になっていきます。つまり安楽が政治倫理の力で実現されるというのが、儒家ないし儒教の考え方には一貫していました。漢の武帝に仕えた董仲舒の説く儒教としての教学が、このような政治と倫理による安楽の道の実現の教を最も良く代表しています。

第四は、哲学・形而上学の道の教です。

仏教が中国に渡来する以前の古代中国では、哲学・形而上学によって安楽を実現しようとする考え方がすでに成立していました。その代表的なものが老荘の哲学です。人間が「道」すなわち世界と人生の根源的な真理に目ざめを持つことによって、つまり哲学的な悟りを開くことによって、人間の安楽を実現するという考え方です。その他、儒教の経典の中でも『易経』や『中庸』『楽記』の哲学などには、やはり老荘の「道」の哲学がとり入れられていますから、その部門の哲学もこのなかに加えてよいでしょう。このような老荘の哲学の立場では、多くの場合、政治に対する不信感というものが基盤になっています。人間の真の安楽というものは、政治だけでは実現されない。人間の心の問題であり、思索や思弁による真理への目ざめ、真知に基づく精神の自由こそが人間を安楽にする、そういった自覚が根底にあります。

第五は、文学・芸術の道の教えです。これは人生の安楽の実現を政治や哲学によって期待するというよりも、もっと情感的、美的な世界の中に、情緒的に安楽を実現しようとする立場です。したがってこの立場は、しばしばファンタスティックな世界へと奔放に思いを馳せていくことになります。道教の神仙的な世界、仏教の極楽世界、あるいはそれとは反対の地獄などと対比させながら、安楽の世界を情感的、幻想的に描いていきます。

こういった五つの道の教が、仏教が入る以前の中国に既にそれぞれの流れとして成立していました。そこへインドの仏教が入ってきます。しかし、仏教が中国に入ってくるのと前後して、西暦二世紀、後漢の時代からは、このような中国古代の伝統的な安楽の思想はそのまま道教として引きつがれていきます。

最初、道教は安楽の道の実現のうち、呪術宗教的なもの、医術・薬学的なもの、政治・倫理的なものを主としてその教えを説きました。そのなかでも呪術宗教的な「道の教」が一番重視され、これを基盤として他の四つの道も併せ説かれるようになったのです。中国の道教はこういったもののすべてを含んでいます。つまり呪術宗教的な信仰と宗教文化的なものの全体を包含する「道の教」＝「道教」であるといえます。このことを十分に理解しておかないと、中国の道教の歴史や儒教・仏教との関わり合い、そしてまた日本の古代や中世の宗教文化において道教が具体的にどのような影響を与え、役割を果しているのかといった問題も判定することが困難になります。

日本の宗教文化のなかには、事実、道教的なものがたいへん多く沈澱しています。すなわち仏教のなかには道教が混合された形でさまざまに残っており、とくに神道の場合、教義的にはほとんど中国の道教をそのまま使っているといっても言い過ぎではありません。平安朝の両部神道、室町時代の伊勢神道、その後における京都の吉田神道、また京都堀川の山崎闇斎の垂加神道など、いずれも教理学という面からみると、道教の教理を大幅に導入していることが注目されます。

㈢

中国には古くから人間の安楽を実現する道として五つの方向が考えられており、これらが道教に引きつがれ吸収されていったということのあらましを述べてきましたが、一方、仏教にしても、中国に伝わって、この国で布教し教が広まっていくためには、中国的に体質を変える面がなければなりません。そうでなければ中国の人々を教化して仏教の信者としていくことは困難でしょう。かくてインド仏教が中国的に体質を変えていくということは、中国古来の安楽の思想を中国仏教の教理形成の基盤に置いていくということになるわけです。

その最も具体的な例は、西暦三世紀に漢訳された『無量寿経』、これは後の浄土教、とくに浄土真宗の根本経典でありますが、この中に仏教の極楽浄土を「安楽国土」という言葉で表現していま す。これはすなわち、中国人に分り易く、また受け入れ易いように「安楽」という言葉、さらには「安楽国土」、「微妙安楽」などという表現が多く使われている例です。

それから『無量寿経』よりもいっそう多く安楽という言葉を漢訳で使っているのが、『観音経』をその中に含む『法華経』です。『法華経』には安楽という言葉を篇名にまで使った一篇の文章があって、それを安楽行品といいます。品とは篇と同じ意味です。『法華経』にはまた、「安楽心」、「安楽世界」、「衆生の安楽利益」というふうに、全体にわたってじつに二十二カ所に安楽という言葉が使われています。この『法華経』は、西暦四世紀の終りに鳩摩羅什《くまらじゅう》によって漢訳された『妙法蓮華経』です。

このほか、年代は下りますが、中国における浄土教の教理書では安楽という言葉が非常に多く使われていて、例えば、わが国の親鸞上人が尊敬した曇鸞《どんらん》の『浄土論註』がそうであり、同じく道綽《どうしゃく》には『安楽集』があります。また日本には、仏教が朝鮮を経て渡来して以来、安楽寺という寺が各地に建てられて現存しているほどです。

このように安楽という言葉は中国の仏教で非常に重要な意味を持ちますが、それは中国の古くからの安楽の思想をそのまま受け継いだものと見ることができます。

㈣

今日のテーマである『観音経』も、これまで述べたような漢訳『法華経』の安楽の思想、さらに溯っては漢訳『法華経』の根底にある中国的な安楽実現の道の教、そのなかでも特に呪術宗教的な安楽の道の教を最も凝縮的に受け継いだ仏教経典と見ることができます。

といいますのは、『観音経』は漢文で書かれていて、字数は大正蔵経本で計算すると千八百五十三字です。このお経は最初からあったのではなく、後から『法華経』の中に加えられたもので、それがなされたのは中国においてではないかという見方さえあったくらいです。『観音経』は、それほどに中国的な性格の強いお経なのです。また別の言葉で申しますと、中国人の体質、気質、好みに最も合ったお経であるということもできます。そのことは『観音経』と同じ内容、性格を持っている道教の経典がたいへん多いということによっても裏づけられます。

道教の経典を集めたものを道蔵と申しますが、これは仏教の一切経―仏蔵に対していう言葉です。道蔵は冊数にして千百二十冊に及ぶ大部であります。仏教の一切経は長い間、日本の僧侶や学者によって読まれ研究されてきましたが、道蔵の方はこれまで学問的にはほとんど読まれ研究されていません。このなかには仏教のほかに儒学、老荘の哲学、文学、芸術、医学、薬学、天文学、暦学などが雑多に取り入れられていて、なかなか簡単には読めないというのが現状です。しかし私がその半ばほどを読んだ限りでいえば、道蔵には『観音経』と内容的によく似た文章表現がたいへん多い。どちらが真似たのかは、もちろん簡単にはいえません。一般的には道教経典が仏典を真似たと見られることが多いのですが、そうとばかりはいい切れない場合も少なくありません。確実にいえることは、両者の間に共通するものがたいへん多いということです。

また道教の方でも、『観音経』を含む『法華経』をたいへん重視していたという事実があります。例えば、六世紀の道教教団の最高の指導者、陶弘景という天師は、人類の文明史のなかで最高の宗教哲学書として三種の文献を挙げて絶賛していますが、それは何かというと、『荘子』の内篇と道教の経典である『大洞真経』と、鳩摩羅什の訳した『法華経』の三つです。

このことによっても、中国人が仏教と道教をきっぱりと分離し、対立する別個のものと考えていたとは必ずしもいえないということが明らかになってきます。

(五)

次に『観音経』の内容は、どのような点で道教的性格を持った仏教経典であるのか、どのような点で中国人的体質や気質、好みに合っているのかという点について、簡単に説明してみます。

第一に、『観音経』は、仏教の教義の根本である解脱とか悟りの智恵とかいった宗教的課題を真っ向からは説いていません。如何にして悟るのか、修行するのかといったようなことも全く説かれていません。もっぱら観世音菩薩の御名《みな》を称することと、名号を受持することの功徳が繰り返し説かれているだけなのです。御名を称すれば、その御名の神さまと同じ力が授けられるというのは、中国に古くからある信仰で、道教の経典の中に多く見られる禁呪というのも、この称名の思想と密接な関係を持っています。

この称名の思想はまたインドの仏教にもあり、中国の道教にもあったという考え方もできます。どちらがどちらに影響したかということは、学問的には難しい問題ですが、共通に見られるという事実にわれわれは注目したいと思います。

特に道教の場合、人間の体内には天地八百万神と同じものが宿っていて、この神々が陰陽のバランスを崩すと病気が発生すると説きます。したがって病気になった箇所に宿る神の御名を称えると病気が治るというのです。

第二に、御名を称えるということは、浄土教の経典である漢訳『無量寿経』にも説かれています。「南無阿弥陀仏」といって阿弥陀仏の御名を称える、すなわち念仏によって救われるというのが浄土教の根本的な考え方です。しかし念仏称名が極楽浄土での往生、安楽国に生まれ変わるという信仰に支えられているのに対して、『観音経』の称名の功徳は、極めて現実的、現世利益的であるというのが、両者の大きな相違点です。

例えば『観音経』の中には、宝物を持って売りさばきながら旅行を続ける商人の集団があって、途中で盗賊に会わないように、また会っても危難を逃れることができるようにしようとすれば、観世音菩薩の御名を称えなさいと説きます。また処刑の場にのぞんだ死刑囚であっても、その罪の如何を問わず、観世音菩薩の御名を称えれば、とき放たれると説かれます。あるいはお産のとき、男の子と女の子の生み分けさえ、観世音菩薩の御名を称えれば、その願いがかなえられると説かれます。

こういう現世の利益に重きを置く考え方は、極めて中国的であります。例えば、孔子は『論語』

の中で「死後はどうなるのか」という弟子の質問に対して「未だ生を知らず、焉《いずく》んぞ死を知らんや」と答えていますが、これは「生きているこの世こそが大事なのだ。人間がもし死んでも意識のあるものならば、死後の世界のことは死んでからゆっくり考えればいい。もし意識がないのであるならば、考えようがないのだから問題外である」ということです（『説苑』に載せられている孔子の言葉）。

このような現世主義は中国の思想に一貫して根強く見られる考え方でした。道教も、この考え方を濃厚に受け継いでいて、肉体を伴わない霊魂のみの救済ならば無意味であるとします。つまり徹底してこの世の生を重んじるという考え方です。もちろん、後には仏教の影響を受けて部分的には変る面もありましたが、全体としては徹底した現世主義であり、その点で『観音経』と非常に共通するものを持っています。

第三は、『観音経』の功徳は、霊魂だけの救済を説くのではなく、肉体を伴った霊魂の救済を説くことにあります。もしくは宗教の対象を、肉体を持った生身の人間として捉え、それを救済するということであり、身に即して仏になるという考え方です。即身成仏という考え方は、六世紀の道教経典に既に見えていますが、仏教では、真言密教がそれを強調しています。わが国の弘法大師の真言宗がそれです。

即身成仏の思想も、道教と仏教（密教）のいずれが先か後かは、なかなか難しい問題であり、関係も入りくんでいて簡単にはいえないのですが、両者に共通していることだけは確かな事実です。だから『観音経』の中の「大火に入るとも身を焼く能わず」というのは、炎の中でも肉体は保持されているということであり、また「大水の漂わすところ溺れ死なず」というふうに、肉体を重視し、肉体を持ったままの解脱を説くのが『観音経』の特徴であるといえます。

肉体を重視する思想は、中国に古くからあり、例えば親孝行の徳を説く『孝経』には、身体髪膚を毀傷しないことが孝の始めとされています。友人の医者が、こんな質問をしてきたことがあります。現代の中国では、アイ・バンクの希望者を募ってもほとんど反応がない。インドやタイ、ビルマなどではかなりの反応があるのに、何故だろうかと。私は思いつきではあったが、こう答えました。中国の人たちは体を傷つけることに対してたいへん敏感である。たとえ自分の眼球が他の人の役にたつとしても、そういう功徳の施し方に素直についていけないのではないかと。ことほど左様に、中国には肉体を重んじるという考え方が昔から根強いのです。

第四は、仏教の教義では一般に否定的に考えられる人間の世俗的、物質的な欲望、情念が、『観音経』では一概に否定されないでいちおう認められています。ただし、欲望の充足を無条件に認めるのではなく、「南無観世音」と名号を称えることによって正しく実現されると説かれるわけです。人間が現実の生を全うすることが問題であって、さまざまな欲望を持った人間が欲望を持ったままで救済されるという考え方が『観音経』には顕著であり、この点は全く道教と一致します。

第五は、『観音経』においては、観音は菩薩と呼ばれていますが、実質的には中国古来の信仰の対象であった大神、もしくは天神と全く同じような性格の超越者、絶対者として説かれています。だから、菩薩という言葉を天神、大神という言葉に置きかえても、そのまま通用します。すなわち、インド的な仏陀、菩薩というものの中国的な転身、もしくはインド的な仏から中国的な神への転化という見方がここでは十分に可能ではないかということです。つまり菩薩の宗教である大乗仏教から、天神の宗教である道教へと変っていく過程が、この『観音経』には顕著に見られるということです。

要するに『観音経』の内容は、思想史的には中国古来の安楽の道の教の延長線上に位置づけることができ、その意味では、六朝以後の道教の教理とも内容的に共通し類似するものを多分に持っているということです。『観音経』が中国で六朝以後、熱烈に信仰され、また『観音霊験記』のたぐいの文献が大量に作られたのも、以上述べたことと密接に関連していることはいうまでもありません。

『観音経』は中国の社会において、特に生命の危険にさらされることの多い職業、例えば漁業、海運業などに従事する人たちから熱烈に信仰され帰依されてきました。わが国の熊野の補陀洛《ふだらく》信仰が、中国の舟山列島の観音信仰を海路日本へ伝えてきたものであることはよくいわれるところですし、また、浮き沈みのはげしい商業従事者たち、一般的には病気や貧しさに苦しむ人たちにも篤く信仰されてきました。

中国の毛沢東のお母さんも熱烈な観音信仰者であったといわれます。毛沢東も革命家としては、マルクス・レーニン主義の信奉者ですが、一個の人間としては、中国人として道教の宗教哲学、それと密接に関連する観音信仰的な考え方を、その人生哲学の基底部に根強く持つという見方も十分に可能だと思います。

以上、要するに『観音経』というものが最も中国的な性格を強く持つ仏教の経典であり、中国の道の教、つまり道教と共通するものを極めて多く持っているというのが、私の本日の話の骨子であります。

京都と大陸の宗教文化

私の本日の講演は、京都における大陸渡来の宗教文化についてということであります。大陸渡来と申しますと主として中国朝鮮ということになりますが、私の最近の専門的な研究領域は中国の古い時代の―だいたい西暦十一世紀、北宋の初め頃までの―中国宗教思想史ということになっていますので、もちろん朝鮮とも関連しますが、中国が中心となります。その点、初めにお断りしておきたいと思います。

㈠

ところで「京都の宗教文化」という講演のテーマそのものが既に中国とたいへん密接な関連を持っているということにまず注目したいと思います。すなわち「京都」という言葉からして、もともとは中国の言葉＝中国語であり、この中国語は西暦紀元前一、二世紀、漢代の頃から大きな都、すなわち首都を意味して『漢書』外戚伝などの文献に見えています。また「宗教」という言葉も西暦

六、七世紀、隋唐時代の天台仏教学『四教義』などに見える言葉でありますし、（それが religion の訳語に使われました）、「文化」という言葉もまた『文選』の王融の文章などに「文化を敷いて以て遠きひとびとを柔《な》つける」などと見えています。つまり言語表現という広い意味の文化の領域においても日本と中国は密接な関連を持っており、現在のわれわれは中国語をそのまま日本語として意識もせずに使っているわけでありますが、しかし、このことは単に言葉だけの問題に止まりません。言葉だけを単なる符牒として借りているというような単純な問題に止まるものではなく、中国的な文化が日本文化のあらゆる領域に広く大きな影響を与え、日本の文化史のなかに深く豊かな痕跡を残すということになってきているわけであります。

これまでの日本文化論もしくは日本文化史の研究では、中国の律令制すなわち政治思想は日本に大きな影響を与えてきたが、中国の宗教思想すなわち道教は日本に何らの本質的な影響を与え得なかったというのが、和辻哲郎さんや津田左右吉さんの学説を代表的なものとして定説みたいになっています。しかし私は、この定説に対して根強い不信感を持つものであります。私のこの不信感は、私が中国の宗教文化の最も濃厚に沈澱している北九州は大分県、昔の豊《とよ》の国で幼少年時代を過ごしたことに根ざし、また青年時代の数年間を兵隊として中国大陸の各地をこの足で歩き廻り、日本の宗教文化と比較する体験的な素地をいちおう与えられていること、さらにはまた中年以後、中国哲学の専門研究者として道教の一切経すなわち『道蔵』を読み進めてゆくことに積極的な関心を抱いていることなどによっていよいよ強められていますが、私の考えでは、これまで日本で中国の宗教思想すなわち道教が日本の宗教文化に対して殆ど大した影響を与え得なかったと主張されてきたことの原因としては、大きくいって二つのものが挙げられるように思われます。その一つは江戸時代の本居宣長らを代表者とする国学者たちが、日本の古代史の歴史的な事実の上に「神の時代」〔神代〕、「神の国」〔神国〕もしくは「神の道」〔神道〕という国粋的なメタフィジークの一大煙幕を張りめぐらしたということであります。しかも彼らの悲劇は、彼らの強調する「神の時代」「神の国」の思想もしくは「神道」の宗教哲学が、実は中国の道教の神学もしくは宗教哲学に基盤を持つものであることを十分に認識しえなかったか、もしくは認識しえても敢えてその事実を無視したという点にあります。

もう一つは、日本の古代、六世紀の欽明朝に朝鮮から公式に伝来されたという仏教が日本の宗教界における独尊的な地位を確立し確保するため、道教を宗教として認めないか、もしくは認めたとしても低俗なシャーマニズムとしてしか評価せず、六世紀の段階において中国の道教が既に伝統的な上帝天神の信仰を基盤として儒家道家の古典哲学、さらには仏教の教理をも大幅に取り入れ（その具体的なプロセスについては拙稿「鬼道と神道と真道と聖道―道教の思想史的研究」―岩波『思想』一九八〇年九月号所収を参照）、いちおう完成された宗教としての教理学、宗教哲学を持つことを認めようとしなかった事情が挙げられます。彼らはそのために日本の宗教思想史の展開に対しても歴史的な事実に対して正確な認識を持つことができなかった、もしくは事実を歪めて一方的・独断的に理解したということがいえると思います。もともと大陸から日本に伝来してきた仏教は、インド仏教そのものではなくて漢訳仏教すなわち漢字文化の中に全面的に組みこまれて中国的に大きく体質改善された仏教でありました。極端ないい方をすれば、中国仏教は「道の教」であり、道教であるという見方も十分できると思います。事実、中国仏教においては仏教者自身が仏教を道教とよび道教として理解している例が少なくありません。しかし日本の仏教者たちは、このような事実には十分な認識を持つことができず、日本の宗教文化の中に中国の宗教文化―道教的な思想信仰―を考えてゆくという態度は、少数の例外者を除いて一般的には殆ど見られませんでした。

ともかく以上のような事情によって、日本の宗教文化には中国の宗教思想すなわち道教の思想の影響は殆ど見られず、道教は日本の文化とは本質的に無縁であるというのが、これまでの日本の代表的な学者、評論家の定説のようになっていたわけですが、私は上にも述べましたように、この定説に対しては大きな不信感を抱く者であります。そこで本日は、このような問題―日本の中の中国的〔道教的〕な宗教文化という問題―を、八世紀後半以後、千年以上の長きにわたって日本の首都すなわち日本文化の中枢としての機能を果してきた京都の地に即して、具体的に考えてみたいと思います。

(二)

周知のように、この京都の地を日本の首都として定めたのは、人皇《にんのう》第五十代桓武天皇であり、その時期は延暦十三年（七九四）十月二十二日ということになっています。ところで、この桓武天皇は『続日本紀』によりますと、延暦四年（七八五）十一月の壬寅の日と延暦六年（七八七）十一月の甲寅の日の再度にわたって天神を交野《かたの》〔現在の枚方市〕で祭っておられます。そして延暦六年に行なわれた天神の祭りについては、そのときの祭文の全文が『続日本紀』に載せられていますが、それによりますと、この天神の祭りは、完全に中国における宗教儀礼―帝王の行なう昊天上帝の祭り―を真似たものであります。すなわち祭文の中に「敢て昭《あきら》かに昊天上帝に告ぐ」とあるのがそれであり、「謹しんで玉帛犠斎粢盛の庶品を以て茲《こ》の禋燎《たきびのまつり》に備え……高紹《たかつぎ》の天皇《すめらみこと》〔光仁天皇〕をば神に配して主と作《な》す。尚《こいねが》はくは饗《う》けたまえ」などといっているのがそれであります。

桓武天皇がなぜこのような全く中国式の天神の祭りを行なったのか。その理由はまず桓武天皇が既に天皇という称号を自ら用いておられること、また延暦という年号を用いておられることなどとも関連を持ちます。すなわち天皇という称号は、私が以前に論文（「天皇と紫宮と真人」―岩波『思想』一九七七年七月号所収）を発表していますように、六世紀半ば頃までは上述の祭文の中の昊天上帝と同格の、道教において宇宙の最高神とされた神格であり、その後七世紀の唐代においては、道教の熱烈な信仰者であった唐の高宗が自らを呼ぶために用いている言葉であります。また延暦という言葉は、延歴とも書きますが（古代中国語では歴と暦とは通用）、これも道教の延年、延寿と同じ意味の言葉として、既に早く『後漢書』張寔伝などに用例が見えています。ですから桓武天皇の行なった天神の祭りは、これらの言葉によっても中国の宗教である道教と密接な関連を持つということが推測されますが、このことはまた桓武天皇の同母弟である早良《さわら》親王が崇道天皇と追謚されていることとも関連します。早良親王は一度は皇太子に立てられながら、延暦四年、政治事件に連坐して皇太子を廃せられ、淡路の国に流されて非業の死を遂げられていますが、『日本後紀』によると、「延暦十八年（七九九）二月、使者を淡路の国に遣わし、幣帛《ぬさ》を賷《もたら》して崇道天皇の霊《みたま》に謝せしめた」とあります。つまり桓武天皇の実弟である早良親王がここでは崇道と呼ばれているわけですが、この「崇道」―道を崇《たつと》ぶ―というのも中国の道教でしばしば用いられている言葉であります。そして、この言葉は早良親王の死霊の鎮魂のために桓武天皇が用いたものと解されますが、鎮魂ということもまた道教の重要な行事であります。

なお、この崇道天皇は現在においても比叡山の西麓、八瀬の街道の傍らに崇道神社として祭られているわけでありますが、この神社にはまた比叡山の天台の円仁が中国の山東から還請《げんじょう》したという赤山神《しゃくさんしん》が併せ祀られています。この赤山神は円仁の還請した古いものが比叡山の横川《よがわ》に、また修学院離宮の近くにも仏教と習合された形で赤山禅院として現存しています(円仁が帰国の航海の安全を祈って赤山神を祭ったということは『入唐求法巡礼行記』の末尾に見えています)。この赤山神も古く『後漢書』烏桓伝などに見えている道教と密接な関係をもつ神さまで、円仁の航海の無事を加護した霊験あらたかな唐土の神として円仁が京都に還請したものと伝えられています。

それでは桓武天皇が、なぜこのように中国の宗教思想ないし道教と深いかかわりを持つのか。私はその大きな理由の一つとして桓武天皇の御生母が大陸(正確には半島の百済)出身の女性であり、しかもその御生家が中国の道教的な思想と密接な関係を持っていたことを挙げたいと思います。

桓武天皇の御生母は『続日本紀』によりますと、延暦八年(七八九)十二月に歿くなっておられますが、同書の十二月の条に略伝が載せられており、それによりますと、姓は和氏《やまと》―後に高野と改姓―、イミナは新笠《にいがさ》(したがって新笠姫とよばれ)、父は正一位を贈られた高野の朝臣《あそん》乙継《おとつぐ》、母は同じく正一位を贈られた大枝《おおえ》の朝臣《あそん》真妹《まよし》で、その祖先は百済の武寧王の子である純陁太子から出ており、桓武帝の父君《ちちぎみ》の光仁帝がまだ即位される以前に妃となって、桓武帝と早良親王らを生んだとあります。

また、皇后は「容徳」すなわち容貌と人柄が「淑茂」（しとやかで重厚）であったとありますが、その母君《ははぎみ》の名が真妹《まよし》であることと併せて、如何にも大陸的な感じのするエキゾチックな美人であったことを想わせ、さればこそ渡来人の子孫でありながら即位まえの光仁帝の御寵愛をうけ、皇后、皇太后にもなることができたと推測されます。そして桓武帝の御生母であるこの新笠姫は、同じく『続日本紀』によれば、天高知日之子《アメタカシルヒノコ》姫尊《ヒメノミコト》と諡《おくりな》されたとあり、この諡は姫の遠祖である百済の都慕《とぼ》王が河伯の女《むすめ》の、日の精に感じて生んだ子供であるために、それにちなんで付けられた名前であると附け加えられています（「河伯」とか「日の精に感ずる」とかいうのも中国の宗教思想―道教的な発想です）。

桓武天皇の御生母である新笠姫は、大陸系の出自を持つ女性が日本の宮廷で皇后・皇太后にまでなられた最も代表的な例でありますが、しかし、このほか『日本後紀』、『続日本後紀』、『三代実録』などの記述によれば、大陸系の出自をもつ女性で平安京の宮廷に入り、天皇の御寵愛をうけられて、親王や内親王を生んでおられる事例は少なくありません。また九世紀の初め、嵯峨天皇の弘仁五年（八一四）に成ったという『姓氏録』などを参照すれば、宇多天皇の御生母も中国における後漢の献帝の四世の孫、山陽公の子孫である当宗《まさむね》氏の出《で》であるということになります。そして以上述べましたような女性たちの生家が渡来人の子孫として大陸系の宗教思想もしくは祭祀儀礼を根強く継承しているであろうことの可能性は、宗教というものの持つ本来的な保守性によっても十分に肯定され、平安時代の醍醐天皇の延喜五年（九〇五）、西暦十世紀の初めに藤原の時平によって撰述されたという『延喜式』の祝詞の部に次のような呪文の文章を載せていることが、そのことを有力に裏づけております。すなわち『延喜式』巻八に載せる「東文《やまと》の忌寸部《いむきべ》の横刀を献《たてま》つる時の呪」というのが、それであります。

「謹みて皇天上帝、三極大君、日月星辰、八方の諸神、司命と司籍、左は東王父、右は西王母、五方の五帝、四時の四気を請い、捧ぐるに銀人を以てし、禍災を除かんことを請う。捧ぐるに金刀を以てし、帝《みかど》の祚《よわい》を延ばさんことを請う。呪《じゅ》して曰く、東は扶桑に至り、西は虞淵に至り、南は炎光に至り、北は弱水に至るまで、千城百国、精治すること万歳、万歳、万歳なれ」。

ここで皇天上帝というのは、中国古代の宣命集『書経』に見える言葉で、前に引きました桓武天皇の天神を祭る祭文に見える昊天上帝と全く同一の神格であり、「三極大君」というのは、『易経』繫辞上に見える「三極」すなわち天と人と地とを神格化した道教的な神さまの名前であります。また「司命と司籍」も道教的な神さまの名前で人間の寿命を司り、寿命台帳を管理する者という意味です。また「東王父」、「西王母」、「五方の五帝」も中国の二〜三世紀、漢魏の時代に造られた鏡の銘文などにも多く見られる道教の神々の名。「扶桑」、「虞淵」、「炎光」、「弱水」も道教における神仙の山である崑崙山と関連する神話的な地名であります。つまり、この呪文は完全に中国における道教の呪文であって、これは上に述べました大陸系の渡来人たちが彼らの故国の呪術宗教ないしは広い意味の宗教文化を日本に伝え、それを渡来後の日本で行なった宗教的な実践の痕跡と見ることができます。つまり、この呪文は全く中国大陸における道教の呪文であって、これは上に述べました大陸系の渡来人たちが、彼らの故国の宗教文化として日本に伝来し、それを日本の宮廷で行なっていたものと見ることができます。もっとも、この横刀の呪は、これと良く似たものが、元正天皇の養老二年（七一八）に藤原不比等らが撰述したという『養老令』の神祇令《りょう》の中にも「東西《やまとかわち》の文部《ふみべ》、祓刀《はらいのかたな》を上り祓詞《はらいのことば》を読む」とあり、また『続日本紀』の文武天皇大宝二年（七〇二）にも、大祓のときに東西《やまとかわち》の文部が祝詞を奏上したと記されていますから、その起源はかなり古いことが知られますが、平安時代の中頃に成立した『延喜式』にも載せられていることから考えれば、たとい形式的に儀礼化していたにせよ、京都の平安京の宮廷でも行なわれていたことが十分に肯定されます。

(三)

さて以上は、この京都の地に初めて都を定められた桓武天皇およびその御生母を中心とする大陸系の女性たちと中国的な宗教文化とのかかわりの一端を考えてみたのですが、次にそのことと関連する京都の平安京の皇居と中国の宗教思想すなわち道教との関係を少し考えてみたいと思います。皆さんが明日見学される予定になっている京都御所の内部は、いうまでもなく桓武天皇が京都に都を定められた当時に造営された皇居そのままではありませんが、皇居というものに対する理念と申しますか、考え方については、平安京当初のものをかなり忠実に継承していると見てよいだろうと思います。

といいますのが現在の京都御所には南に向いた正門として承《じょう》〔陽〕明門があり、この承〔陽〕明門を中央にしてその右に日華門、左に月華門の両門があり、正殿として紫宸殿〔南殿・古くは大極殿とよばれる」があります。桓武天皇が初めて造営された平安京の皇居は、唐の長安宮をモデルにしたといわれますが、長安宮にも日華月華の両門、紫宸殿などのあったことは、唐代の詩人、杜甫や白楽天の詩などによって明らかですから、現在の京都御所も、御所というものの理念は桓武天皇が造営された当時の平安宮と同じものであったと見てよいと思います。なお桓武天皇のときの平安京の皇居にも大極〔紫宸〕とよばれる宮殿のあったことは、『日本後紀』の延暦十六年春正月の条に「皇帝、大極殿に御して朝賀を受く」、同じく十八年春正月の条に「大極殿に御して群臣ならびに渤海の客に宴《うたげ》し、楽《がく》を奏す」とあることなどによって確認されます。そしてまた、この大極殿では元旦の日に四方拝の儀式などが行なわれていますが、これらの承〔陽〕明門、日華門、月華門などの「承〔陽〕明」、「日華」「月華」という言葉、および紫宸殿〔大極殿〕などの紫宸、大極という言葉、さらにはまた四方拝という言葉など、これらはいずれも本来は道教の教理で重要な意味を持つ宗教的な概念であります。

すなわち承明＝「陽明」というのは、古くは日の当る明るい処、南向きの場所を意味して『漢書』孔光伝などに用語例が見えていますが、道教の教理においては生命の蘇り、もしくは不老長生の仙道修行の場所を意味して、陽明洞、陽明洞天などの語が用いられています。また「日華」、「月華」というのは、これはまぎれもなく道教の専用語であり、太陽や月の精気を胎内に吸収する一種の腹式呼吸法を服日華の法、服月華の法などと呼びます。いずれも不老長生を実現し神仙となるための道術で、道教の教理書である『真誥《しんこう》』や『雲笈七籤《うんきゅうしちせん》』の中などに見えています。また「大極」というのは、古くは『易経』繫辞上などに見える語で世界の始源もしくは根源を意味する言葉ですが、道教の宗教哲学では、神仙の最高位にある者のいる場所をいい、「太極真人」、「太極道君」（「太」は「大」と通用）などの語が用いられます。

さらにまた紫宸というのは、『淮南子』や『北魏書』などに見える紫宮と同じ意味で、道教の最高神である天皇大帝もしくは略して天皇の住む宮殿をよぶ言葉。また「四方拝」という言葉は、道教のさまざまな道術を実践する場合に最初に行なわれる宗教的な儀礼であり、道教の教理書においては「四方を拝して気を服す」―精気を胎内に吸収する―とか「四方を拝して以て神明を感ぜしむ」とかいう言い方で多く見えております。ちなみに、わが国の上皇の御所をよぶ仙洞もしくは姑射山の語も道教で用いられている言葉であり、姑射山の語は古く『荘子』（逍遙遊篇）に、仙洞の語は、六朝時代の道教の天師陶弘景の編著である『真誥』（稽神枢篇）などに見えています。そして「上皇」の語も「天皇」の語と同じく道教の宗教哲学における神仙世界の最高位の天神をよぶ言葉であり、古くは道教の神書（神道書）である後漢の『太平経』などに多く見えています。

桓武天皇に始まる京都の平安京の皇居は、要するに道教の神である天皇もしくは上皇の住む天上の神仙世界を象《かたど》って作られたものであり、日本国の天皇もしくは上皇が現人神《あらひとがみ》である、すなわち道教的な神仙であるとする思想を根底にふまえたものでありますが、この神仙の住みかとされる平安京の皇居の東北方、すなわち鬼門の方角にそびえ立つのが、ここからも遠望することのできる比叡の四明岳であります。「鬼門」という言葉もまた中国の道教的な用語であり、二十八宿の星座のなかの一つである鬼宿―鬼の星座―のある方角をいいます。すなわち道教の経典の一つである『神異経』などに、「東北方に鬼星有り」、「万鬼の出入する所」とあるのがそれであります。

もともと道教の世界観では、全宇宙を三つの世界に区分します。その一つは「仙」すなわち神仙の世界であり、その二つは「人」すなわちわれわれの住むこの現実の人間世界であり、その三つは「鬼」すなわち死者、死霊の世界であります。これを道教の三部世界と申しますが、このような三部世界の宗教哲学が教理として確立されるのはだいたい西暦後六世紀の頃、斉梁の時代です。そして「鬼」の世界の首都として羅酆都《らほうと》が「人」すなわち地上の世界の東北の方角の極地に設定され、すべての死者は原則として、この羅酆都に一度集められて、生前の行為の善悪の裁き—勤務評定を受けるとされます。そして、この死者の世界の首都である羅酆都に集まる多くの死者すなわち「鬼」の管理を行なう者が四明君とよばれます。比叡の四明岳の「四明」であります。

比叡の四明岳の「四明」は、直接的には我が国天台宗の開祖である最澄・伝教大師が中国に留学して訪れた浙江省南部の天台山四明岳になぞらえて付けられた名前でありましょうが、しかし中国の天台山は西暦後四世紀、東晋の孫綽の有名な文学作品「天台山に遊ぶ賦《うた》」の中にも「陸に登れば則ち四明・天台あり、皆な玄聖の遊化する所、霊仙の窟宅《いわや》なり」と歌われていますように、古くから道教の聖地ともされており、そのことから四明岳の四明を都の鬼門と関連させて、道教教理的に解釈することもできます。すなわち、皇居の「仙」の世界に対応する鬼—悪鬼・魔鬼—の世界の管理者の住む山であり、その意味で王城の地—平安京の皇居—を鎮護する役目を果たすという解釈です。鬼は辞書にも「鬼は帰なり」とありますように、もともと死者死霊を意味しますが、生者に祟りなどをする死霊が悪鬼もしくは魔鬼であり、このような悪鬼、魔鬼を退散させ折伏する禁呪の術も中国の道教では重要な部分を占めます。

最近、京都で秘蔵の写本類が発見されて新聞紙上を賑わしました冷泉《れいぜい》家の貴重な古写本類の中に含まれる藤原定家の『明月記』の中にも、このような道教の禁呪の術と密接に関連する泰山府君の信仰のことがところどころに記録されています。定家の『明月記』に具体的に記録する泰山府君の信仰もまた、主として平安朝の宮廷貴族の間に行なわれた中国の道教信仰の一種であり、先に述べました円仁の山東から還請した赤山神の信仰とも密接な関連を持っています（清の顧炎武の『日知録』や趙翼の『陔余叢考《がいよそうこう》』などに載せる「泰山治鬼」の条の考証を参照）。

㈣

以上は、京都の地に痕跡を留める大陸の宗教文化のうち、中国の道教思想にいちおう的をしぼり、天皇・皇室関係を中心に検討を加えてみたのですが、このほか京都に現存する道教関係の文化財遺物としては、吉田神社の奥の院にある大元宮と堀川一条にある安倍晴明神社の星印のついた屋根瓦とが注目されます。

吉田神社の大元宮は、いわゆる吉田神道の斎場に建てられていた建築物でありますが、吉田神道に限らず、我が国の神道学とよばれるものが全面的に中国の道教の教理学を採り入れたものであることは、最近次第に研究が進んでいます。

もともと「神道」という言葉が我が国の古代文献で最初に見えますのは、『日本書紀』においてであり、この言葉と思想は、本居宣長や平田篤胤らがどれほど強弁しようとも、中国の宗教思想、つまり道教の宗教哲学から採り入れたものであることは否定できません。そのことは一条兼良の

『日本書紀纂疏』やいわゆる『神道五部書』と称する文献などを見ましても、一目瞭然とすることですが、この吉田神道の大元宮もまたそのことを何よりも雄弁に証明します。

といいますのは、「大元」という言葉がもともと道教の教理学で中枢的な地位を占める教理概念であり、天地八百万《やおよろず》の神々の大元締め、この世界の究極的な根源の真理を意味して、道教の神道書、教理書の中で反覆強調されているからです。また、天地八百万の神々を道教の最高神である天皇大帝ないしは元始天尊を頂点にして一堂に集め整理する思想もしくは建物としての造形表現も、中国の道教に本来的なものであります。

ちなみに、六世紀半ば頃までに道教の最高神とされていた天皇大帝は、もともと北辰すなわち北極星を神格化したものであり、道教をその代表とする中国古代の宗教思想の大きな特徴は、白日の太陽よりも夜空の星を重視することにあります（かつての中華人民共和国の主席で革命の父と仰がれました毛沢東もまた農民たちから「救いの星」として慕われ、赤い太陽ではなくて「赤い星」として親しまれていました――エドガー・スノー『中国の赤い星』）。このことは中国の道教が夜空の天文学すなわち星空の観察を教理形成の根幹に置き、道教の修行者である道士の必修科目もその指導者である天師の学識教養も、天文学と数学とを特に重んじたことと密接に関連します。そして星が人間の運命を支配し、偉大な人間は星から生まれて星に返ってゆくというのが、道教以前の、また道教以後の中国古代宗教思想の一貫した思想であり信仰でありました。わが国における陰陽道――これは中国の道教の陰陽理論の日本的な変型として捉えることができます――の第一人者とされる安倍晴明を神として祭る京都の晴明神社の屋根瓦に星のマークが刻み込まれているのも、全く理由のあることといわなければなりません。

また京都の石清水八幡宮の本家ともいうべき私の郷里の近くにある宇佐神宮は、主祭神である比《ひ》売《め》大神《おおかみ》を中央にして応神天皇と神功皇后をその右と左に祭ってありますが、主祭神である比売大神を祀る中央の社殿のすぐ傍らに北辰神社が祀られてあり、比売大神が神代に天上世界から降臨してきたという近くの山は大元《おおもと》山と名づけられています。現在は「おおもと」と訓んでいますが、大元という漢字は、吉田神社の大元宮の「大元」と全く同じであり、ここにも中国の道教の宗教哲学の影響が顕著に見られます。

ちなみにいえば、宇佐神宮の「神宮」という言葉も、吉田神社の「神社」という言葉も、また比売大神の「降臨」という言葉も、もとはといえば中国古代の宗教関係の文献の中に古くから見えている言葉であり、「大元」の宗教哲学と対応する北辰北斗の信仰と共に中国の道教と密接な関係を持つことを端的に感じさせます。

私の本日の講演のテーマは、「京都の宗教文化」―正確には京都に渡来した大陸の宗教文化―ということになっており、宗教文化というからには、もう少し広く大陸の宗教思想信仰、つまり道教と関連する一般大衆的な宗教現象、例えば京都の地域に根強く残っている神社寺院のお札信仰、墓相宅相の吉凶占い、神仏習合の妙見信仰、同じく死者供養としての十王信仰、修験道の山岳信仰などにも触れるべきだと思います。私の研究不十分もあり、予定の時刻も迫って参りましたので、今日は京都の宗教文化のごく一端だけをお話しして、私の講演を終わりたいと思います。どうもご静聴ありがとうございました。

道教の研究と私
―あとがきにかえて―

私が道教の研究に積極的な関心を持つようになったのは、いつごろからのことであろうか。昭和三十年代の後半、私が助教授として勤務していた京都大学人文科学研究所では、共同研究として梁の僧祐の『弘明集』や唐の白居易の『白氏文集』の会読を中心とする研究会が毎週一回併せ行なわれていた。そして『弘明集』の中には、例えば明僧紹の「正二教論」―南斉の道士顧歓の「夷夏論」に対する仏教側からの駁論―、同じく仏教側からの道教に対する駁論として、僧敏の「戎華論」、玄光の「弁惑論」、劉勰《りゅうきょう》の「滅惑論」など道教の教説を批判攻撃して、その思想信仰の具体的な内容に論及するものが多く、また『白氏文集』の中にも、例えば「夢仙詩」、「簡寂観に宿るの詩」、「長恨歌」、「大羅天尊を画くの讃文」、「元始天尊を画くの讃」、「三教論衡」などのように道教の神学もしくは教理学と密接に関連する文学作品が少なくなかった。しかし、この当時の私は老荘の哲学や中国における芸術の哲学などの研究に主力を注いでいて、例えば、「弁惑論」の批判攻撃する道教の「塗炭斎」や「真人・嬰児を抱く」道術、「天師が昇るという玄都」、「鬼を殺す黄神越章」などについても、それらが道教の神学の全体的な教理教説の中でどのような意味ないし位置づけを持つのか、全く無知というほかなかった。また白居易の「簡寂観に宿るの詩」における「簡寂観」が六朝道教の教理思想史においてどのような地位を占め、「大羅天尊を画くの讃文」における「大羅天尊」が「元始天尊を画くの讃」の「元始天尊」と道教の神統譜においてどのような関係をもつのか、さらにはまた「長恨歌」における「臨邛《りんこう》の道士」が唐の玄宗朝の道教教団のどのような系列に属し、なぜ「鴻都の客」として楊貴妃の魂招《たまよ》びの道術を玄宗から命ぜられなければならなかったのか、といったような疑問に対しても、全く答えるすべを知らなかった。

　せめて六朝時代の道教教理学を仏教側の間接資料によってではなく、道教側のそれ自体の直接資料によって垣間見ようとして、梁の陶弘景編著の『真誥《しんこう》』や同じく『周氏冥通記』などを買い求め、さらには唐代道教教理学の全体的な構造もしくは教理思想史的な展開の軌跡を闇中に模索しようとして、北宋初期の道士張君房《ちょうくんぼう》らの編著する『雲笈七籤《うんきゅうしちせん》』（四部叢刊本）などを買い求めて頁を繰《く》ってみたが、それらの道書の内容を読解しようとしても、私のこれまで修得した語学力や持ち合わせの知識教養では、ほとんど歯が立たなかった。大学でいわゆる中国哲学ないし哲学史の、アカデミックな〝哲学〟の研究に主要な関心を集中させていたこの当時の私は、かくて道教の神学もしくは教理学の具体的な内容に学究の刃を振うことなど、しばらくの間、断念せざるを得なかった。

　その私が道教の神学もしくは教理学の研究に積極的な関心を持つようになったのは、昭和四十年代も半ば近くになって、人文科学研究所における「隋唐の思想と社会」の共同研究班を主宰していた時期のことであるが、そのきっかけを作ってくれたのは同じ研究所の西洋部に所属する同僚の上山春平教授であった。そのころ明治維新の研究に一段落をつけられ、日本古代の天皇制の問題に新しく取り組んでおられた上山教授は、これまでの日本古代思想史に関する中国学者の研究、例えば津田左右吉氏の「天皇考」や『日本の神道』などの論著についての中国思想研究者としての私の感想を求められ、現在の中国学の研究水準で、日本古代の天皇ないしは神道と中国古代の宗教思想〔道教〕との関係はどのように理解されているのかなど質問されてこられることがしばしばであった。上山教授がこのように質問してこられたのは、私がこのころ日本古代と密接な関連を持つ中国の隋唐時代の宗教思想―主として道教と仏教および両者の関係―の研究を上記共同研究の分担テーマとしていたこと、また私がかつて二十年ほど前、古代中国における山岳信仰と祭祀に関する研究論文「封禅説の形成」を執筆していることを識っておられたことなどによるものであるが、しかし、そのころの私は古代日本の宗教思想―天皇の信仰や神道の思想―については勿論のこと、中国古代の宗教思想を代表する道教の神学などについても、なんら的確な応答を用意することができなかった。上山教授の日本古代学に対する精力的な勉学と鋭く新鮮な見識とに圧倒され、みずからの中国学の偏《かたよ》りと狭さと底浅さとを切実に思い知らされた私は、かくて日本古代思想史学に十分対応しうる中国思想史学の研究の推進、なかんずく中国古代の神道―神ながらの道―の教ともいうべき道教の神学もしくは教理学の宗教思想史的な研究に新しく取り組む決意を固めざるを得なかった。

その決意を現実のものとするために、西暦十五世紀の半ば、明の英宗の正統十年〔一四四五〕に編纂された道教の一切経、いわゆる『正統道蔵』一一二〇冊―その中に同じく神宗の萬暦三十五年〔一六〇七〕に成った『続道蔵』六三冊を含む―を初めて自己の蔵書として買い求め、座右に備えることが出来るようになったのは、私が京都大学から東京大学に転ずる昭和四十九年（一九七四）の前年のことであった。

東京に移って隅田河畔の寓居に落ち着いた私は、大学での講義演習を担当する公務の余暇、貪るように『道蔵』の全体を読み進み始めた。そして全体の半ば近くにともかくも目を通し終えたとき、私の気づいたことの第一は、道教が如何なる宗教であるかの定義づけは、『道蔵』を原典としてその全体—『道蔵』の中に道教文献として収載されている全文献—を読み通し、もしくは読み通すことを前提としてなさるべきであり、『道蔵』の具体的な全体の内容に即さない道教の恣意的な定義は非学問的であり、空虚ではないかということであった。

もちろん現存の『正統道蔵』は十五世紀、明代における『道蔵』編纂者の限定された道教観を反映しているにすぎないという反論は当然予想される。しかし、その反論は、この『道蔵』が六朝隋唐期を通じる中国道教徒の伝統的な道教観を忠実に継承する『雲笈七籤』—十一世紀、北宋の初期＝真宗の天禧三年（一〇一九）＝に編纂された道蔵の精華集、『正統道蔵』の中にもその全文が収載されている—と共通の、もしくはその延長線上に位置する道教観に支えられていることを内容的に実証すれば、十分に解消され得るであろう。従来の道教研究者が提示している道教の定義は、『雲笈七籤』ないし『正統道蔵』が道教文献として選択し収載している判定基準—何を道教と考えるかの定義的な理解—と大きく齟齬しているのではなかろうか、つまり『雲笈七籤』も『正統道蔵』もその全体を道教学の原典として十分に〔学術的に〕読解されることなく、道教とは何かが恣意的に論議されてきているのではなかろうかということであった。

気づいたことの第二は、『雲笈七籤』ないし『正統道蔵』が道教経典ないし道教典籍として収載する文献の具体的な記述内容を、思想もしくは教理学〔宗教哲学〕として検討整理しようとするとき、そこには四つの層の重なり—四重構造—が指摘されるのではないかということであった。すなわち、その最下部〔第一層〕にはいわゆる「道仏論争」で仏教側がしばしば「鬼道」として貶しめ非難する巫術もしくは呪術的なシャーマニズムが根強く横たわっており、具体的には『史記』封禅書〔『漢書』郊祀志〕などに詳細に載せている梁巫・晋巫・秦巫・楚巫・越巫・上郡巫らの行なったような祭祀祈禱、使鬼、禁呪、霊媒、占夢、各種の予言、病気の呪術的な治療などに関する方術である。そして、その上層〔第二層〕は、秦漢帝国の成立と共にそれらの巫術〔鬼道〕を国家的な祭祀の底辺部に組みこみ、『詩経』『書経』の上帝を最高位に置きつつ、帝王の治国の礼典として整理する儒家の礼学〔『儀礼』、『周礼』、『礼記』の「三礼」の学のうち、特に『周礼』〕およびその祭祀祭礼を理論的に根拠づける『易』、『易緯』などの神道—「聖人は神道を以て教を設く」—の思想哲学である。なお、この神道の思想哲学の中には、既に『老子』の「道」および「道」から生じた「一」〔一元気〕の哲学が導入され折衷されており、特に儒家の祭礼の中核をなす上帝〔昊天上帝、皇天上帝〕の神聖性が、『老子』の「道」や「一」〔一元気〕、『易』の「太極」〔太一〕によって根拠づけられる場合には、その折衷の傾向がいよいよ顕著となる。要するに『易』と『老子』の哲学を折衷した「神道」の思想哲学が第一層の「鬼道」の上部構造として上乗せされるに至るのが、第二層の特色といえるであろう。

その第二層の上部に今度は三世紀、魏晋の時代に中国の一般知識社会で盛行する『荘子』の「真」

の哲学がさらに導入され、「神道」が特に「真道」として強調されるようになる。「真道」として の道教を強調し、儒家の政治倫理の学を俗道として却けるのが、この第三層の特色である。ちなみに、西暦紀元前後にインド西域から中国に伝来した仏教は、布教の便宜などのために、最初期は第一層の鬼道と底辺部において習合し、ついで仏典が全面的に漢訳されて中国の漢字文化の中に組み込まれるようになると、この漢訳仏教は自らの教を第二層の神道、第三層の真道と折衷させ、仏教を神道の教ないしは真道の教として理解する仏教学者さえ出現するに至る。つまりインド仏教の中国化もしくは道教化の顕著な動きである。

その第四層〔最上層〕は、その仏教─道教化した中国仏教─が、次第に中国社会に勢力を扶植し、信者を獲得すると共に、それまで中国土着の真道の教〔道教〕に同調して、自らの教をもまた真道として強調することもあった仏教〔中国仏教＝漢訳仏教〕が、一転して独善と兼済を併せ説く儒教の「聖人の道」の教に同調するようになり、自利〔個人的解脱〕と利他〔衆生済度＝度人〕の宗教としての聖道を強調するようになる。この時期の中国仏教が、道教の真道は自利すなわち個人的な不死登仙のみを計って、利他すなわち衆生の救済は考えぬ独善の教でしかないと激しく非難攻撃するようになるのも、このことと密接に関連する。かくて道教もまた仏教のこのような非難攻撃に応酬するために利他すなわち「度人」を目的とする救済の宗教〔聖道〕でもあることを弁明強調することに努め、度人〔衆生済度〕ないしは救苦〔衆生の苦厄の救済〕を説く道教経典を大量に製作することになる。現行の『正統道蔵』の冒頭に置かれている『度人経』〔『霊宝無量度人上品妙経』六十一巻〕が、これら一群の聖道としての道教の経典を典型的に代表する。つまり『度人経』は極めて仏教〔漢訳仏教〕的色彩と臭味の濃厚な道教経典なのである。そして現行本『雲笈七籤』ないし『正統道蔵』の中には、このように「聖道」の宗教としての中国仏教の強い影響を、経典の言語表現と思想内容との両面に亘って大きく受けている経典群が多数に存在し、したがって中国仏教ないし漢訳仏典との密接な関連、交錯の関係を無視しては、『道蔵』の全体を読み通すことも、その教理内容を正確に理解することも殆ど不可能に近いということである。

気づいたことの第三は、『雲笈七籤』ないし『正統道蔵』の中に収載する多数の道教教理書の記述によると、道教の神学〔教理学〕において中核的な地位を占める神格は、太清天に住むという太上老君〔神宝君〕と上清天に住むという太上道君〔霊宝君〕および玉清天に住むという元始天尊〔天宝君〕のいわゆる「三尊」であり、この三尊の教勅をそれぞれ筆受し文書化して成立するという道教経典は、すべて洞神、洞玄、洞真の「三洞」に分類されている。しかし、これらの三清天〔太清天、上清天、玉清天〕もしくは三尊〔太上老君、太上道君、元始天尊〕の名称は、同時に成立したものではなく、道教の神学〔教理学〕の成立展開と共に漸次加増されたもの、すなわち思想史的に変化変遷しているということである。すなわち「三清天」について検討すれば、葛洪の『抱朴子』─西暦四世紀の初めに成立─以前の文献には、「上清天」、「玉清天」の語は全く見えておらず、この二清天は後次的に加増されたものであることが確認される。また「三尊」のうち太上老君とよばれる神格が信憑性をもつ文献に初見するのは、二世紀後半、後漢の末期からであり、太上道君のそれは早くとも四世紀の後半、東晋の中期ごろからである。さらに元始天尊の称号は、その成立を六世紀の半ば、北魏王朝の滅亡以前に溯らせることは不可能であると断定される（拙稿「昊天

上帝と天皇大帝と元始天尊」—東京大学『中哲文学会報』第二号所収を参照)。

そして「三尊」の神学が思想史として整理可能ということになれば、三尊にそれぞれ配当されている「三洞」の道教経典もまた同じく思想史として整理することが可能となり、その成立の順序は洞神部の経典が最も古く、洞玄部の経典がそれに次ぎ、洞真部のそれが最も新しいということになろう。従って現存の『正統道蔵』における「三洞」の配列順序が、洞真→洞玄→洞神となっているのは、何らかの思想的もしくは思想史的事情によって逆倒されたものに違いなく、現に『雲笈七籤』(三洞経教部)の中に引く六朝期の古い道教経典『正一経』などにおいては、洞神→洞玄→洞真の本来的な順序が記載されているのである(『雲笈七籤』の撰者自身は洞真→洞玄→洞神の順序を採用していて『正統道蔵』のそれと一致している)。そして、このことは上述した『道蔵』収載経典の思想内容もしくは教理学の〝四重構造〟とも密接な関連をもつと見てよいであろう(洞真部の経典は「聖道」、「真道」と対応して、仏教の教理学もしくは老荘の「道」の哲学の導入が顕著であり、洞玄部の経典は「神道」と対応して、『易』の「神」の哲学と『老子』の「玄」の哲学の導入が目だち、洞神部の経典は鬼道と対応して、祭祀祈禱、使鬼禁呪などの巫術がその基軸をなす)。

私がこれまで『道蔵』を読み進めてきて気づいたことの主要なものは、右に列挙した三点であるが、このような思想ないし思想史的な重層構造を持つ『道蔵』を道教研究の原典として、〝道教とは何か〟を問い、〝道教と日本古代の宗教思想との関連〟を問題にしてゆこうとすれば、順序として、ここで一応私なりの〝道教とは何か〟に対する答えを掲げておく必要があるであろう。私が現

在までに考えている道教とは何かに対する一応の答えというのは、それを簡潔に表現すれば、

道教とは〝道《タオ》―世界と人生の根源的な真理―の不滅〟と一体になることを究極の理想とする中国民族〔漢民族〕の土着的、伝統的な宗教である。

ということになり、その教理学ないし神学に重点を置いて、もう少し説明を補った表現にすれば、

道教とは、中国古来のシャーマニズム的呪術信仰を基盤とし、その上部に儒家の神道と祭祀の儀礼・思想、老荘道家の「玄」と「真」の形而上学、さらには仏教の業報輪廻と解脱、ないしは衆生済度の教理・儀礼などを重層的・複合的に採り入れ、隋唐の時代において宗教教団としての組織と儀礼と神学とを一応完成するに至った、〝道の不滅〟と一体になることを究極の理想とする中国民族〔漢民族〕の土着的・伝統的な宗教である。

ということになろう。そして私のこの答えが、これまでのわが国内外の道教研究者の説明と異なる点は、儒学―特に易学と礼学―、および仏教の教理学を道教の神学〔宗教哲学〕の中に包みこみ、もしくはその中に組みこもうとすることにある。『雲笈七籤』ないしは『正統道蔵』を道教研究の原典とし、その原典の記述内容―神学もしくは教理学―に基づいて道教の何たるかを考えてゆこうとするかぎり、儒学と仏教学〔中国仏教学〕を除外して道教の教理学もしくは神学を究明することは不可能であろうし、また教理学もしくは神学を除外して道教の何たるかを考えようとすることは非学問的であろうとするのが、私の道教研究の基本的な立場である。

それならば、〝道教とは何か〟に対する上述のような私の説明に対応する日本古代の宗教思想ないしは宗教思想史の研究は、いったい、どのように進められたらよいのであろうか。この問題に対

して私は現在のところ確固たる定見というべきものを持ち合せていないが、これまでのところは一応、日本古代の宗教思想と密接な関連をもつ各種の文献、ないしは考古学的な遺物遺跡の調査発掘報告などにできるだけ広く目を通すことに努め、私が現在読み進めている『道蔵』の中に収載する道教文献の記述内容と共通もしくは類似するものが発見されれば、しばらく立ち止まって〝なぜなのか〟を問うことにしている。『道教と日本文化』と題する本書に収められた私の講演、研究報告の筆録、小論随筆などの雑文は、そのような自問に対する一おうの自答を集録したものであるが、その〝なぜなのか〟を問う場合、私の関心が意識的・無意識的に日本古代の宗教思想のうち、特に天皇、皇室、神道、神宮、神社、陵墓などの問題に集中する傾向を顕著に見せているのは、私が大学の学生以来、三十余年を住民として過ごしてきた京都の町が、八世紀の末から千有余年にわたって〝天皇の都〟であり、それ故に神宮、神社、陵墓なども町の内外に数多く、従ってまた平安室町以来、日本における神道学の一大センターでありつづけたこと、および私がこの町にある大学を卒業して直ちに「天皇の統率したまう」「わが国の軍隊」(軍人勅諭の冒頭の言葉)に一兵士として徴集され、天皇と祖国の名のもとに青春時代の数年間を中国大陸の戦場で彷徨しつづけた体験を持つことによる。私に日本古代の天皇ないしは神道と中国古代の宗教思想〔道教〕との関係をしばしば質問され、私が道教の神学もしくは教理学に積極的な関心を持つに至るきっかけを作ってくれた上記の上山教授もまた、大学の学生生活を〝天皇の都〟京都の町で過ごされ、陸と海との違いはあるにせよ、私と同様に三十数年前の大戦の嵐の中を一兵士として彷徨するという体験の持ち主である。天皇と日本の神道の問題は、学徒として戎衣を身にまとい、死地に赴かされたそのかみの若人たちの

〃蘇《よみが》える哲学の宿題〃なのであろうか。

なお、本書に収められた十七篇の小論雑筆の中に老荘思想関係の文章が数篇含まれているのは、上述したような私の〃道教とは何か〃の答えに従って、老荘思想もまた道教の神学の中で重要な位置づけを持つと理解されたからにほかならない。道教を「〃道《タオ》の不滅〃と一体になることを究極の理想とする中国民族の土着的・伝統的な宗教である」と説明するとき、老荘思想もまた〃道の不滅〃と一体になることを究極の理想とする、中国民族に土着的・伝統的な世界と人生の根源的な真理についての思惟であり英智である。そしてまた道教がその本質において宗教であり、太上老君、太上道君、元始天尊の「三尊」の教勅という形で〃道の不滅〃と一体になる道術を説くのに対し、老荘の思想のほうはその「三尊」を三尊として在らしめる更に根源的な〃道〃を問題にしてゆく。あるいは宗教を宗教として在らしめる根源的な哲学の真理を問題にすると言い換えてもよいであろう。『老子』が〃道〃を説明して「帝の先に象《に》たり」――上帝に優先する更に根源的な実在であるように思われる（第四章）――といい、『荘子』がまた同じく〃道〃を説明して「帝を神《しん》にし鬼を神にするもの」――上帝の神聖性を根拠づけ、鬼神の神秘性を根拠づける更に根源的な実在（大宗師篇）――といっているのが、そのことを最も良く示していると言えるであろう。しかし、このように説く老荘の哲学もまた、もとはといえば、「帝」（上帝）を祭ることをそのまま「道」とし、「鬼」（鬼神）を尊ぶことをそのまま「道」とした中国古代の〃神ながらの道〃の教（上帝信仰＝宗教）から出発し、〃神ながらの道〃の教を母胎として生誕してきたものであった。もし〃神ながらの道〃の教を濁《にご》り酒に譬えるならば、老荘の哲学は、その濁り酒の上澄《うわず》みであるとも見なすことができるであろう。

同じ酒の上澄みであればこそ、その初めは「鬼道」として出発した〃神ながらの道〃の教〔道教〕が、「神道」の宗教として、また「真道」、「聖道」の宗教として〃道〃の哲学を必要とするに至ったとき、もっぱらそのような宗教〔道教〕における上部構造としての哲学の役割と機能とを果し得てきたのは、ほかならぬこの老荘思想であった。老荘の思想は〃道の不滅〃と一体になることを究極の理想としていることにおいて、同じく〃道〔神〕の不滅〃と一体になることを究極の理想とする道教の宗教哲学であり得るのである。

　なおまた、わが日本国におけるさまざまな技芸、技術、芸能が、例えば茶道、書道、柔道、相撲道、修験道、歌舞伎道などのように、本来は「技」もしくは「術」、「法」とよばれていたものを特に「道」とよびかえるようになるのは、老荘の「道は技より進めり」―技を根底から支え、技を技として活《い》かすものは道である（『荘子』養生主篇）―という技能の哲学に基づく。過去に形成されたいわゆる日本文化の根底には、この意味での老荘ないし道教―ここで道教というのは、老荘思想が呪術宗教的信仰と結合したもの、日本では神社信仰、山岳信仰、星宿信仰などと習合して多くの場合、陰陽道とよばれている呪術宗教的な道教―の技能の哲学が大きな比重を占めて役割と機能とを果していると思われるが、本書では巻末に収める「『木鶏』の哲学」において、わが国に古来信奉者の多い老荘道教の武芸〔勝負〕の哲学―例えば宮本武蔵の『五輪の書』など―を往年の名横綱であった双葉山によせて、あらましの解説を加えたに止まる。同じく本書の巻末に収める「岡倉天心と道教」の岡倉の門下生たちが、好んで『荘子』の「道は技より進めり」の庖丁《ほうてい》解牛図を描いているのも、日本人が絵画芸術の根底に老荘道教の〃道〃の哲学を凝視してきた好適の具体例と見てよいであろう。

そしてまた広い意味の技能技術の一種とも見るべき医術薬法―古代中国ではこれを一括して「方技」とよぶ―がまた道教と密接な関連をもちつつ、古代日本の神話時代から文化史上に重要な影響関係を持ちつづけてきていることも、これまでの研究者は殆ど刮目していないと言ってよい。しかし医術薬法＝方技＝は本書に収める「山上憶良と病気」の小文でも論及しておいたように、「ある国、ある時期の学術思想文化の実態を最も生《なま》なましく如実に示すバロメーター」であり、医術薬法が究極の目的とする人類の健康と長寿の確保こそ、そのまま神仙の不死もしくは真人の不老長生を宗教的な理想として説く道教の究極的な目的でもあった。道教と日本文化の問題は医術薬法の分野においてもまた看過すべからざる重要性を持つと言えるであろう。

「益軒の『養生訓』と梅園の『養生訓』」が本書に収められているのも、このような私の問題意識を備忘的に書き留めたものにほかならないが、私の予見するところ、日本文化の中に沈澱し、定着し、もしくは伏在している中国の宗教思想＝道教の影響は、あたかも地下水の流れのように目に見えぬ深さと広がりと豊かさとを持つ。本書に収められた十七篇の小論雑筆は、それこそ道教の哲人荘周のいわゆる〝管《くだ》を用いて天を闚《うかが》い、錐《きり》を用いて地を指すもの〟(『荘子』秋水篇)にすぎない。果てしなき広がりと深さとを持つ天空と大地とをさらに広く「闚い」、より深く「指す」ことが今後に残された学究としての私の課題であるといえるであろう。その課題を果すためには、道教の一切経＝『道蔵』一一二〇冊が、わが老残の余生を賭して〝徐《おもむ》ろならず疾《はや》からず〟(『荘子』天運篇)忍耐強く読み進められなければならない。

〔附記〕　本書は昭和五十七年（一九八二）三月末日を以て京都大学人文科学研究所教授および研究所長を定年退職することに既定している著者の、自祝と自省と自愧の微意をこめた自撰の〝退休記念論文集〟として刊行されるものである。この書の刊行にあたって企画の当初から終始積極的に援助して頂いた人文書院編集部の落合祥堯氏に厚くお礼を申上げる。

初出誌一覧（ただし各篇とも著者により新たに訂正加筆）

日本の古代史と中国の道教　日中学者会議研究報告（一九八一年十月）

日本古代の神道と中国の宗教思想　『創造の世界』26号（一九七八年五月、小学館）

八角古墳と八稜鏡　東京大学文学部文化交流研究懇談会報告（一九七九年二月）

聖徳太子の冠位十二階　『図書』（一九八一年九月、岩波書店）

山上憶良と病気　『健康』（一九七九年一月、月刊健康発行所）

平安時代の道教学　陳舜臣『中国の歴史』5、6巻「研究ノート」（一九八一年七、九月、平凡社）

風に乗る仙人　『エピステーメ』（一九七八年二月、朝日出版社）

中江藤樹と神道　『日本思想大系』29月報（一九七四年七月、岩波書店）

江戸期の老荘思想　『図書』（一九七二年一月、岩波書店）

益軒の『養生訓』と梅園の『養生訓』　『日本思想大系』25月報（一九七〇年十月、岩波書店）

三浦梅園と『荘子』と陶弘景　『国語の研究』10号（一九七七年五月、大分大学国語国文学会）

三浦梅園と道教　『梅園学会報』4号（一九七九年六月）

日本人と老荘思想　『中国の歴史』1巻月報（一九七四年六月、講談社）

岡倉天心と道教　『岡倉天心全集』8巻「解説」（一九八一年四月、平凡社）

「木鶏」の哲学　『木雞』創刊号（一九七九年三月、太平洋公論社）

『観音経』と道教　『観音講座たより』20号（一九八一年二月、妙法院門跡）

京都と大陸の宗教文化　京都府府民文化講座講演（一九八〇年八月）

道教の研究と私　新稿

著者紹介

福永光司（ふくなが・みつじ）

1918年大分県中津市生まれ。1942年京都帝国大学文学部哲学科卒業。

同年10月熊本野砲兵聯隊入営。戦争末期に中国大陸に渡り、広東省で終戦を迎え、47年上海から復員。東方文化研究所（京都）助手、大阪府立北野高校教諭、愛知学芸大学助教授、京都大学人文科学研究所教授を歴任。

1974−79年京都大学文学部教授。1980−82年京都大学人文科学研究所所長。

定年退職のあと関西大学文学部教授、北九州大学外国語学部教授を勤める。

その後、故郷の中津に住み、執筆・講演活動を行う。2001年没。

著書に、『荘子』（中公新書）、『老子』（ちくま学芸文庫）、『道教思想史研究』（岩波書店）、『魏晋思想史研究』（岩波書店）など多数。人文書院刊行の書籍に『道教と日本文化』『道教と古代日本』『中国の哲学・宗教・芸術』『「馬」の文化と「船」の文化　古代日本と中国文化』『タオイズムの風　アジアの精神世界』がある。

道教と日本文化〔新装版〕

一九八二年三月一五日　初版第一刷発行
二〇一八年九月二〇日　新装版 初版第一刷発行

著　者　福永光司
発行者　渡辺博史
発行所　人文書院
〒六一二-八四四七
京都市伏見区竹田西内畑町九
電話〇七五・六〇三・一三四四
振替〇一〇〇〇-八-一一〇三

装　幀　上野かおる
印刷所　モリモト印刷株式会社

ISBN978-4-409-52072-7 C0021

福永光司の本
（新装版）

『道教と日本文化』　二八〇〇円
『道教と古代日本』　二八〇〇円
『「馬」の文化と「船」の文化　古代日本と中国文化』　三八〇〇円

表示価格はすべて税抜き価格です